Rebeliões no Brasil Colônia

Luciano Figueiredo

Rebeliões no Brasil Colônia

Jorge ZAHAR Editor
Rio de Janeiro

Jorge Zahar Editor Ltda.
rua México 31 sobreloja
20031-144 Rio de Janeiro, RJ
tel.: (21) 2240-0226 / fax: (21) 2262-5123
e-mail: jze@zahar.com.br
site: www.zahar.com.br

Preparação de originais: André Telles
Revisão tipográfica: Maria Helena de Oliveira e Elisabeth Spaltemberg
Composição eletrônica: TopTextos Edições Gráficas Ltda.
Impressão: Geográfica Editora
Capa: Sérgio Campante
Ilustração da capa: *As misérias e os males da guerra*, desenho de
Jacques Callot e cores de Israel Paris, 1633.

CIP-Brasil. Catalogação-na-fonte
Sindicato Nacional dos Editores de Livros, RJ.

Figueiredo, Luciano, 1961-
F49r Rebeliões no Brasil Colônia / Luciano Figueiredo. — Rio de Janeiro: Jorge Zahar Ed., 2005.
(Descobrindo o Brasil)

Inclui bibliografia
ISBN 85-7110-877-3

1. Revoluções – Brasil – História – Século XVIII. 2. Brasil – História – Período colonial, 1500-1822. 3. Movimentos sociais – Brasil – História – Século XVIII. I. Título. II. Série.

CDD 322.440981
05-2620 CDU 323.269.6(81)

Sumário

O berço da rebelião

Logo que missionários e cronistas pisaram com suas sandálias as margens do Novo Mundo, o fervor religioso típico da época combinou-se com a beleza estonteante da natureza tropical. Sem perderem tempo, reconheceram em seus relatos que as qualidades daquela terra estavam próximas das do Paraíso: terreno fértil, chuvas regulares, flores exuberantes, animais graciosos, boas águas e nativos dóceis ao trabalho evangelizador.

"Em nenhuma outra região se mostra o céu mais sereno, nem madruga mais bela a aurora; o sol em nenhum outro hemisfério tem os raios tão dourados, nem os reflexos noturnos tão brilhantes; as estrelas são as mais benignas, e se mostram sempre alegres; as águas, são as mais puras: é enfim o Brasil terreal paraíso descoberto; domina salutífero clima; influem benignos astros, e respiram auras suavíssimas", escreveria Sebastião da Rocha Pitta em 1724.

Esse idílio e harmonia se dissipariam diante das primeiras perturbações e desordens, cada vez mais intensas à medida que Portugal instituía novos poderes e a colonização avançava sobre terras incógnitas, com a intensificação da busca de almas para a conversão à fé cristã e braços para o suor das lavouras. Índios trucidavam impiedosamente missionários e destruíam arraiais inteiros, capitães-donatários recusavam ostensivamente as ordens de novos funcionários régios, escravos fugiam para as florestas, comerciantes da terra rebelavam-se contra o monopólio dos negociantes do reino, soldados ameaçavam explodir as casas de moradores das vilas. O paraíso ganhava o nome de rebelião.

O conde de Assumar, governador das capitanias de Minas Gerais e São Paulo, que padeceu com a instabilidade política dos colonos, assinalou esse cenário sinistro ao escrever que em Minas "a terra parece que evapora tumultos; a água exala motins; o ouro toca desaforos; destilam liberdades os ares; vomitam insolências as nuvens; influem desordem os astros; o clima é tumba da paz e berço da rebelião; a natureza anda inquieta consigo, e amotinada lá por dentro, é como no inferno". O parecer do conde não nasceu da mera contemplação. Ele assistira ao cerco de seu palácio por uma multidão furiosa gritando palavras de ódio contra o governo. Acompanhara impotente a destruição de residências, o tropel de bandos armados no coração de Minas e se vira obrigado a concordar com todas as reivindicações dos amotinados e ainda perdoar por escrito aqueles insolentes vassalos. Teria compensado tamanhos constrangimentos com a punição sanguinária que aplicou em Filipe dos Santos, arrastado pelas ruas, enforcado e esquartejado.

Protestos como esse, capazes de mobilizar multidões com corre-corre pelas ruas, bandos nas estradas e zonas rurais, que enfrentavam com obstinação e fúria as autoridades locais e destruíam propriedades e reputações, estalaram muitas vezes. Mais até do que se costuma imaginar. Afora as revoltas mais notórias — às vezes designadas "movimentos nativistas" — como a de Beckman, a Guerra dos Emboabas ou a dos Mascates — pouco tem sido publicado sobre outras tantas que aconteceram no Brasil colônia e que os pesquisadores vêm recentemente descortinando.

O que move este livro é a proposta de uma revisão das leituras tradicionais sobre o tema e apresentação de novas perspectivas de interpretação. Ele contempla uma forma especial de desassossego social: as rebeliões e movimentos armados coletivos que sacudiram a América portuguesa e aterrorizaram as autoridades coloniais e metropolitanas. Entre os séculos XVI e XVIII, soldados, colonos, comerciantes, padres, escravos e índios lançaram-se na aventura rebelde para (re)conquistar direitos políticos, sociais ou econômicos, geralmente reunindo o conjunto de estratos sociais da comunidade descontente. Essa forma de ação coletiva direta de enfrentamento das autoridades por mudança na forma de governo que afetava os colonos, cumprindo rituais de protesto que obedeciam a certas liturgias das rebeliões da época do Antigo Regime, será o foco deste livro. Aqui não serão examinados, portanto, outros tipos de conflitos do cotidiano tenso da Colônia: pequenas rusgas pessoais, brigas de bandos, disputas jurídicas, lutas de família, conflitos de autoridades, violências individuais de índios e escravos em seu dia-a-dia, lamento dos "homens bons" nas câmaras municipais. Ou os quilombos. O leitor não deve ficar desapontado. A ausência desses acontecimentos igualmente relevantes é compensada pela oportunidade de aprofundamento da análise e o exame de protestos até aqui desconhecidos.

O leitor igualmente não deve ficar frustrado pela ausência de seções dedicadas às conjurações e inconfidências. Não é apenas porque essas conspirações já mereceram notoriedade suficiente. A ausência quer reforçar uma das inovações da perspectiva aqui proposta: compreender toda a riqueza e complexidade da época das revoltas sem que pareçam aperitivos para as inconfidências que ocorreriam em fins do século XVIII.

O roteiro escolhido pretende escapar do anacronismo, permitindo conhecer contestações vincadas pelas marcas da época moderna e da colonização mercantilista. Pois se temos hoje familiaridade com protestos de rua, manifestações de trabalhadores, revoltas estudantis, motins em presídios, só a aparência é semelhante aos movimentos de séculos remotos. Começamos com um enquadramento amplo do tema, a crítica à associação entre nativismo e rebeliões e a apresentação de alguns caminhos para orientar os estudos sobre o assunto. As três seções seguintes correspondem a tipos de revoltas e não a um percurso cronológico. "Morte aos brancos, viva a liberdade!" apresenta as revoltas escravas e indígenas; "Batinas e fardas rebeldes" trata de motins de soldados e dos protestos relacionados às insatisfações de colonos com a atuação dos padres jesuítas; "Abaixo os impostos!... e as frotas" reúne algumas das reações à cobrança fiscal e ao regime de comércio. A seção "Como organizar uma rebelião" traz os rituais e as práticas de luta e negociação, permitindo uma aproximação do leitor com o cotidiano de um movimento de protesto. O livro se encerra com o debate sobre a emergência da identidade política colonial provocada pela experiência das rebeliões na América portuguesa.

Entre os "movimentos nativistas" e as "revoluções modernas"

A trepidante história das contestações ao domínio português durante a época colonial é campo fértil para a colheita de heróis, batalhas e gestos de coragem. No Maranhão a resistência dos irmãos Beckman às humilhações causadas pela Companhia de Comércio da Metrópole, o apego da nobreza açucareira aos interesses de Pernambuco na Câmara de Olinda por ocasião do conflito com os mascates do Recife, ou ainda o sacrifício de Filipe dos Santos nas ruas de Vila Rica garantem uma boa dose de emoção e se inscrevem no panteão da memória dos grandes feitos brasileiros.

Nem sempre foi assim, é bem verdade. Ao longo de várias décadas do século XIX, a nascente historiografia brasileira regida pelas normas do Instituto Histórico e Geográfico Brasileiro, fundado em 1838, pouco queria ouvir falar das contestações do passado, o que era compreensível em plena época das rebeliões regenciais. Se a história deveria oferecer boas lições para a nação que se pretendia formar desde a emancipação em 1822, mantendo uma monarquia, escravos, latifúndios e a frágil integração de um imenso território, cercado de repúblicas por todos os lados, nada mais corrosivo que a inconveniente memória das contestações e das inconfidências.

À medida que a Monarquia se enfraquece, o silêncio tende a terminar, com o ruído discreto dos primeiros republicanos logo amplificado pelos manuais de história no decorrer do século XX. Seria cunhado então o termo *nativismo*, associado a formas como "revolução nativista", "sentimento nativista", "movimentos nativistas" e algumas outras variações, traduzindo a emergência de um apego ao Brasil quase sempre relacionado a manifestações contrárias a Portugal, ou a estrangeiros, precursoras da emancipação política e com certo viés autonomista. Rocha Pombo defenderia que "se ia assim gerando, na alma do povo em formação, um forte sentimento do próprio valor, e logo uma consciência jurídica em colisão com as tradições da mãe-pátria".

Essa forma de conceber o passado, contudo, que ainda sobrevive, fere uma das boas regras da história. Atribuir a uma determinada época certos significados que então inexistiam compromete a interpretação da real dimensão da ação dos homens e das condições desse tempo que passou. Em seu *Formação do Brasil contemporâneo*, Caio Prado Jr. adverte que o historiador, ao "ocupar-se dela [da reação contrária ao sistema colonial], enfrenta o risco de tratar o assunto anacronicamente, isto é, conhecedor que é da fase posterior, em que ocorre o seu desenlace, em que ela se define, projetar esta fase do passado. O que não raro tem sido feito". Firmou-se com grande força a idéia de que as revoltas na época colonial traduziam uma atitude de resistência ao domínio de Portugal, como se latejasse um sentimento nacional que a Metrópole não deixava nascer, indícios de manifestações antecipadas do apego à liberdade e à independência. O discurso histórico cristalizou uma perspectiva sobre os protestos coloniais em que estaria presente o germe do espírito nacional, e a seleção de alguns motins e revoltas ajudou a escrever um tipo de história considerado como uma espécie de "biografia da nação". Podemos citar aqui o comentário de Rogério F. da Silva, que percebe com extrema argúcia essa questão: "Fica sugerido que 'nativismo' dá um sentido a múltiplos conflitos, provavelmente unificando e efetuando uma seleção, onde se vêem nitidamente excluídos, por exemplo, revoltas de negros ou choques com indígenas."

Mas se as revoltas carecem de nacionalismo, associado por tantas vezes ao nativismo, isso não quer dizer que inexistisse um forte sentimento local durante a fase colonial. Houve nos séculos XVII e XVIII — e também mais tarde — uma forma de patriotismo local, com o significado inofensivo de apego à terra de nascimento (ou "pátria", no vocabulário da época), que Evaldo Cabral de Mello chamou muito apropriadamente de "nativismos", "assim mesmo no plural".

Rejeitar a sedutora tentação do nativismo, quando associado à idéia de nacionalidade, não assegura que se alcance o significado pleno das rebeliões. Há um sem-número de distorções que cercam o entendimento da historiografia dos movimentos de contestação colonial que, quase sempre, levam a visões anacrônicas.

Como compreender sem anacronismos as contestações e os motins da época? Para avançar neste território temático talvez tenha sentido observar alguns procedimentos.

Reconstituição documental e método. Antes de mais nada, reveste-se de um sentido fundamental a pesquisa documental que permita colher em detalhes os registros sobre os movimentos de protestos. Ainda que não se deva generalizar, as revoltas são processos bem documentados, ao contrário do que se costuma pensar. Na medida em que sua eclosão manifesta a existência de uma crise, trata-se de um evento sobre o qual os registros de época se multiplicam. No Brasil Colônia a eclosão de revoltas provoca longos pareceres dos integrantes do Conselho Ultramarino, que assessorava o soberano em assuntos das Colônias, avaliando a situação, quando reunia a opinião de governadores de capitanias, vice-reis, funcionários régios, todos dedicados a explicar em detalhes os acontecimentos. Ainda que rara, há além disso a própria documentação gerada pelos rebeldes, como os "termos", "capítulos" ou "tratados" em que oficializavam as reivindicações, bem como os pasquins ou manifestos que então circulavam. A pesquisa em bibliotecas, arquivos nacionais ou regionais e mesmo em livros com fontes impressas — jovens pesquisadores provavelmente desconhecem o volume de documentos já publicados que existem no Brasil —, promete boas surpresas para esse tipo de trabalho (ver "Referências e fontes" ao final deste livro).

O esforço de reconstituição meticulosa do processo de rebelião é decisivo. Ao se conhecer passo a passo as razões que levaram à sua eclosão, como evoluiu, quem participou e como se encerrrou, está preparada a matéria básica para se responder às perguntas que orientam as pesquisas. Em *A multidão na história*, o historiador George Rudé, inconformado com interpretações que acreditavam no caráter irracional e sanguinário dos motins, atribuídos a criminosos, vadios e desajustados sociais, define caminhos para se encontrar "os rostos na multidão". É um método de relativa simplicidade: definir as razões e conseqüências dos protestos, conhecer a composição social e a forma de ação da multidão, analisar as lideranças, buscar a forma de encaminhamento das reivindicações e seus principais alvos e vítimas, como se processou a repressão, seus objetivos sociais e políticos.

Essa investigação sistemática revela detalhes empíricos previstos. Mas surpreende e confunde em alguns aspectos que fogem aos modelos iniciais ao produzir muitas inquietações e dúvidas. Fornece todavia a base segura para se escapar das projeções e anacronismos que o pesquisador imperceptivelmente traz — como certas generalizações que supõem serem os processos de revolta invisíveis para os historiadores, já que rebeldes não deixam registradas suas formulações políticas ou, como se diz, "os vencidos não deixam registros de sua história".

O sentido histórico da rebeldia. Da mesma maneira que impõe-se à pesquisa empírica situar com exatidão a organização das revoltas, convém destacar o significado que os protestos conheciam na época moderna sob o Antigo Regime.

Ainda que nos dias atuais existam significados relativamente distintos para revolução, motim, insurreição, revolta, rebelião, no vocabulário político dos séculos XVII e XVIII há dificuldade em separar um do outro. Se hoje *motim*, sinônimo de rebelião e revolta, alude a um levante coletivo quase sempre armado, com atos de desobediência às autoridades constituídas, marcado inevitavelmente por tumultos, ao passo que *insurreição* assinala a existência de um projeto claro de destituição do poder, assim como *revolução*, que prevê a implementação de transformações radicais nos níveis político, econômico e social — na época não existia tal clareza conceitual. Um mesmo movimento de contestação no século XVII poderia aparecer, a depender da posição de quem escrevia, designado como "revolta", "alteração" ou mesmo "inconfidência", ainda que destituído de pretensões transformadoras. Distúrbios sociais e populares mereciam ainda, no vocabulário político da época, designações como *levantamento*, *alvoroto*, *assuada*, *conjuração*, *rebelião*. Ademais, quase sempre o emprego da palavra *revolução* revestia-se de um sentido ligado à idéia de conservar e restabelecer situações que haviam se alterado, isto é, impedir mudanças.

Se a precisão do vocabulário de época não ajuda nessa aproximação, deve-se considerar que o recurso ao protesto coletivo foi um dos modos de luta política mais freqüentes e usuais na Europa e na América modernas. A ponto de o historiador Jean Delumeau se referir a uma "cotidianidade da revolta". Sob uma cultura política marcada pela idéia do "bem comum", elemento que equilibrava a vida social e de cuja preservação dependia a harmonia da coletividade, era direito de todos resistir às injustiças. A sensibilidade estava à flor da pele. Sobretudo quando se esgotavam os meios de negociação e se configurava a situação de tirania da autoridade governativa.

A sociedade de Antigo Regime na Europa fundava-se em estruturas de grande instabilidade. Uma vez que seu equilíbrio dependia da desigualdade entre setores distintos, como nobres, magistrados, clérigos, oficiais mecânicos, dotados cada qual de privilégios e tradições que deveriam ser assegurados pelo soberano, o processo implacável de centralização política e administrativa durante a época moderna tendeu a desrespeitar os velhos compromissos. A busca da unificação territorial, a concentração de recursos nos cofres régios através da tributação nacional, a intensa mobilidade social inaugurada pela expansão mercantil, a corrosão dos princípios estáticos da religião católica não perdoavam os grupos sociais tão ciosos de suas tradições e privilégios.

A organização de uma rebelião, agregando diferentes grupos sociais — privilegiados ou não —, com ataques armados a autoridades constituídas, gritos e ruídos de desordem nas ruas, ocasionalmente removendo e substituindo o governo local, destruição de propriedades, raramente foi manifestação espontânea, sendo muitas vezes calculada e planejada. Rebeliões pareciam se revestir de mais legitimidade quando os protestos eram capazes de agregar maior número de grupos, dando mostras de que a insatisfação era ampla e fruto de uma causa comum. Diversos movimentos empenhavam-se em atacar a autoridade local que estaria cometendo abusos longe das vistas do rei. E em nome deste, sempre protetor, provedor e justiceiro, deveria ser feita a rebelião. Ela se destinava a corrigir desacertos do governo local, coibir medidas excessivas de autoridades, reclamar contra a injustiça de um novo imposto ou aumento de preço. Instrumentos de reivindicação costumeiros ameaçavam muito pouco a ordem política.

Nem sempre a revolta acabava bem. Afinal, constituíam crimes de caráter político prescritos na legislação e para os quais se previam punições terríveis, quase sempre exemplares: a morte com a humilhação dos traidores ou o desterro. Esta ambigüidade vai ajudar a entender por que as reações dos soberanos oscilaram tanto entre a forca e o perdão.

Nessa complexa e partida sociedade, as formas de demonstrar insatisfação política também obedeciam às diferenças entre os grupos. Se a revolta aberta e geral era recurso ativado por setores sociais mais amplos, a resistência cortesã, ao contrário, caracterizava-se pelas estratégias de dissimulação e manobras da nobreza palaciana integrante da Corte. Trata-se, esta sim, de uma forma de resistência bem mais perigosa. Simulam submissão ao soberano enquanto conspiram. Da mesma maneira, a aristocracia resistiu através de conjuras, quando alguns poucos nobres se articulavam em segredo para produzir organizadamente uma ruptura.

A política da época moderna em Portugal. Os colonos da América portuguesa não inventaram as revoltas, e tampouco elas possuíam qualquer originalidade aqui, com exceção talvez da paisagem tropical. A despeito da distância entre a Colônia e a Metrópole, percebe-se uma fina sintonia entre os motins ocorridos no Brasil e em Portugal.

Não se pode compreendê-los adequadamente sem se levar em conta suas matrizes no pensamento político e os acontecimentos em Portugal. As novas experiências políticas que tinham curso na Metrópole eram logo emuladas pelos rebeldes luso-brasileiros. Extensão portuguesa, os moradores partilhavam do mesmo ideário político do reino, ainda que submetidos à situação de colonos.

Em Portugal, a insatisfação com o domínio espanhol, sob a União Ibérica entre 1580 e 1640, franqueou gradativamente o direito de resistir por parte dos súditos contra o governo dos Filipe, cada vez mais associado à tirania. Ao reagirem às injustiças, excesso de cobranças fiscais e quebra de compromissos associados ao governo do soberano espanhol, portugueses de diferentes condições sociais, como aristocratas, clérigos, camponeses, acabaram por transformar a rebelião em uma ação positiva. No Ocidente os episódios das revoltas de Évora, Algarve e Alentejo a partir de 1637, que haviam culminado com o rompimento português com a Espanha e a Restauração de Portugal sob a dinastia dos Bragança em 1640, causaram uma decisiva reviravolta nas formas de luta política.

Ocorreram a difusão e releitura de uma doutrina que reavivou o papel do equilíbrio entre obediência (atributo dos súditos) e justiça (do soberano) na regência do pacto que presidia a Monarquia: o rei que governava com justiça seria devidamente obedecido, desde que respeitasse usos e costumes, o direito natural e as regras tradicionais. Do contrário, a tirania, que usurpava bens e direitos, justificaria a deposição do soberano por meio da rebelião. A fórmula era engenhosa pois abria possibilidade de trocar o soberano sem abalar a instituição monárquica.

Tanto no Brasil quanto em várias partes do Império colonial português o exemplo da Metrópole serviria para que se ativassem protestos contra funcionários considerados tiranos pelas comunidades locais. A contaminação ocorreu num ritmo rápido. Desde 1640 até os anos finais da década de 1680, pelo menos uma dezena de insurreições irrompeu nas costas da América, África e Ásia contra os representantes régios. Bahia, 1641: expulsão do vice-rei marquês de Montalvão, expulso sob suspeita de traição; Rio de Janeiro, 1644: rebelião antifiscal contra o governador Luís Barbalho; Macau, 1646: dom Diogo Mascarenhas é trucidado pela multidão; Ceilão, 1652: deposição do capitão-general Manuel Mascarenhas Homem após amotinamento das tropas; Goa, 1653: o vice-rei das Índias, conde de Óbidos, é afastado do poder por fidalgos locais e devolvido para o reino; Rio de Janeiro, 1660: a cidade ficou cinco meses fora do controle do governador Salvador Correia de Sá e Benevides, entregue à oligarquia amotinada; Pernambuco, 1666: deposição do "Xumbergas", governador da capitania, obrigado a abandonar o governo pela aristocracia local; Angola, 1667: expulsão de Tristão da Cunha, governador-geral; Maranhão, 1684: ataques contra o governador e jesuítas; Bahia, 1688: soldados do regimento da capital atacaram o governador. Isto sem falar em situações específicas no Brasil que conduziram a levantes, como a insurreição dos pernambucanos contra os holandeses (1645-54) e motins contra os jesuítas no Rio, São Paulo e Maranhão (1640-41 e 1660).

Essa presença no Brasil Colônia da ideologia política da Restauração portuguesa não parou de agitar os luso-brasileiros até o surgimento do liberalismo político, em meados do século XVIII, quando então se estabeleceu uma forma mais radical e diferenciada de rebelião que permitia derrubar os reis e destruir as monarquias. Daí ser imperioso distinguir as rebeliões coloniais das conjurações e inconfidências que têm lugar em Minas Gerais, Rio de Janeiro e Bahia em fins do século XVIII. Do contrário, sem considerar as peculiaridades do pensamento político de uma fase e de outra, mergulha-se no equívoco fácil de desqualificar essas revoltas atribuindo-lhes ausência de idéias e de programas mais consistentes, bem como incapacidade de demonstrar a percepção dos problemas objetivos imediatos.

À sombra das inconfidências elas fenecem; quando se considera o contexto em que transcorreram, as rebeliões do século XVII e XVIII foram movimentos de enorme significado, com um formidável conhecimento da realidade que cercava as comunidades coloniais, lideranças expressivas e extremamente habilitadas para o "governo político", e mesmo militar, capacidade de propor reformas e de se autogovernar sob princípios que julgavam como reestabelecedores da justiça.

As contingências da condição colonial. Ainda que na América portuguesa os impulsos rebeldes acompanhem o estímulos do pensamento político no reino, isso ainda não é suficiente para uma boa compreensão do significado dos protestos. Ao se reunir o conjunto de contestações percebe-se que as razões que levaram ao descontentamento encontravam-se intimamente associadas às exigências que derivavam da condição colonial.

Domínio ultramarino de Portugal, o Brasil era região submetida às exigências do mercantilismo que marcou as monarquias européias na época moderna. O processo da conquista e colonização criou nas terras americanas áreas de economia complementares à da Metrópole capazes de ampliar seu fluxo de comércio possibilitando a acumulação de capitais por parte dos negociantes e rendas por parte da nobreza e do Estado. Contudo, a transferência do excedente colonial exigia, como demonstrou Fernando Novais, um intenso controle, especialmente os fluxos de comércio, submetidos ao monopólio dos negociantes. A fiscalidade também ajudaria, achacando os moradores diretamente, jogando sobre seus ombros o pesado fardo dos custos de defesa, arrendando as cobranças dos direitos régios ou através da tributação indireta desviada para Portugal. A contenção da Justiça mostrava-se ainda mais imperiosa, a fim de impedir ou retardar direitos de súditos coloniais que ameaçassem o cumprimento da perspectiva mercantilista.

A irrupção das queixas e protestos dos colonos não podia estar desconectada dos constrangimentos derivados da condição colonial. Ainda que governadas por um mesmo rei, dotadas formalmente dos mesmos direitos e obrigações políticas, as comunidades na América portuguesa achavam-se oprimidas por um volume expressivo de impostos, rígidos limites ao livre-comércio, controle sobre as manufaturas, restrição ao livre acesso à mão-de-obra indígena, entre outros constrangimentos. As revoltas coloniais expressavam manifestações de súditos das mais diversas regiões do Brasil a respeito dos direitos que lhes cabiam em uma república cristã e justa. Respondiam a situações de ruína e miséria, limitações ao exercício de cargos na República, Justiça inoperante e lenta, empobrecimento, avareza na liberalidade régia, imposição de tributos sem consulta, excessos e desordem na Fazenda Real, tirania das autoridades coloniais, dificuldade de representação junto ao soberano e aos tribunais reinóis. Tudo isso associado, quase sempre, à insatisfação com o afastamento em que viviam em relação ao soberano, a quem cabia fazer respeitar os princípios da "concórdia das gentes e ordens do reino, suavidade e proporcionalidade dos impostos, honestidade e proficiência dos ministros, exemplaridade dos atos do soberano etc.".

O elo entre os movimentos de protesto e as exigências da Metrópole junto aos colonos permite inclusive o estabelecimento de uma tipologia. Em um painel variado, as revoltas podem ser agregadas, *grosso modo*, conforme os fatores de descontentamento. Aquelas derivadas das tensões em torno da manutenção da escravidão indígena e contrárias aos jesuítas (Rio de Janeiro, 1640; Santos e São Paulo, 1641); as ligadas à sobrecarga de impostos (Rio de Janeiro, 1644, 1660;

Bahia, 1711, Minas Gerais, 1717, 1720, 1736); as vinculadas à sustentação das forças militares que provocavam situações explosivas entre os soldados (Bahia, 1648, 1728; Maranhão, 1680; Colônia do Sacramento, 1705 e 1720; Rio Grande do Sul, 1742); as relacionadas à resistência escrava (Pernambuco, 1635; Bahia, 1691, 1789; Minas Gerais, 1712, 1719, 1725, 1756). Da mesma forma os gentios reagiriam à expansão territorial (Maranhão, 1684; capitanias do Nordeste, 1687-92; São Paulo, 1652; Rio Grande do Norte e Ceará, 1654); e ao monopólio comercial e ao açambarcamento de gêneros básicos (Maranhão, 1684; Bahia, 1689; Santos, 1710). A prepotência de autoridades foi também motivo de algumas revoltas (Bahia, 1641; Sergipe, 1658, 1704; Paraíba do Sul, 1666, 1730; Pernambuco, 1671, 1711; Minas Gerais, 1707, 1709, 1752).

A tipologia acima não precisa ser adotada ao pé da letra. As revoltas não envolviam apenas uma única razão de descontentamento, ao contrário. Quase sempre o atendimento das reivindicações dos amotinados e mesmo a proteção dos participantes dependiam diretamente da capacidade de agregar maior número de setores sociais. Era comum que os problemas de excesso da fiscalidade se associassem a preços altos, falta de gêneros básicos e dificuldades com o pagamento de soldados. Da mesma forma, crises deflagradas por pressões do monopólio comercial poderiam estar relacionadas à falta de mão-de-obra indígena.

Por outro lado, revela-se indispensável compreender o vaivém da política colonial portuguesa com relação à América. No longo arco que cobre os séculos XVI, XVII e XVIII a administração da Colônia passou por momentos de certa liberalidade e outros de extremo controle e rigidez. Essas conjunturas da política metropolitana ajudam a explicar a eclosão de revoltas. A concentração de muitos motins na segunda metade do século XVII deriva do revigoramento do pacto colonial, com a regulamentação da circulação de bens e a intervenção na ordem política local, no período que transcorreu após a Paz de Portugal com a Holanda (1661-62) e com a Espanha (1668), quando o reino ficou livre das ameaças das potências européias e houve, nos anos 60, o recuo do Império português na Ásia.

Diante de uma série sucessiva dos protestos (ver "Cronologia"), identificam-se ondas de descontentamento que atingiram os colonos em momentos de aumento da pressão metropolitana. Tais épocas de adensamento das tensões foram designadas como conjunturas "críticas" ou "insurgentes" por Laura de Mello e Souza, que fixou três momentos característicos, entre 1640 e 1798, capazes de rodear o conjunto das revoltas coloniais, a saber: da Restauração ao envolvimento português na Guerra de Sucessão espanhola (1640-84), da Guerra dos Emboabas à Revolta do Terço Velho

(1708-28) e, no contexto das revoluções atlânticas, o período que transcorre da Inconfidência Mineira à Revolução dos Alfaiates (1789-98).

"Morte aos brancos, viva a liberdade!"

Resistências ameríndias. A relação amistosa do primeiro encontro descrita na carta de Pero Vaz de Caminha — quando os nativos, depois de pousarem seus arcos e flechas em sinal de paz, "foram recebidos com muito prazer e festa" pelos marinheiros, colaborando "mansos e seguros" com batéis de água pura, lenha e troca de oferendas e muitos gracejos — logo daria lugar a passagens brutais envolvendo guerras, conquista de terras, escravização, epidemias e domínio espiritual.

As primeiras vilas e povoados do litoral e seus engenhos de açúcar, ou do sertão, seguindo a expansão da pecuária, viviam sob o cerco de flechas e bordunas. No Recôncavo da Bahia, terra em que muitos engenhos de açúcar se instalaram, explodiu em 1567 uma revolta generalizada de nativos escravizados. Atacaram os proprietários das fazendas, comandaram fugas em massa das plantações. As vilas, fazendas e criações continuaram a sofrer ataques de gentios no século seguinte.

Mais acima, na região do Rio Grande do Norte e Ceará, diante da intensificação da colonização a partir de 1680, o processo de conquista de terras para o gado e plantações viria a provocar uma conflagração generalizada dos tapuias, especialmente dos índios da nação dos janduís. Os conflitos nasciam de pequenos desentendimentos entre colonos e nativos, que geravam ataques aos criadores. A ferocidade dos janduís era extrema, causando a morte de mais de 100 pessoas e destruindo milhares de cabeças de gado. Conforme as análises de Pedro Puntoni, esses grupos nativos sentiam-se ameaçados de escravização iminente por seu apoio aos holandeses durante a ocupação do Nordeste (1630-54).

A "guerra dos bárbaros" sublevou uma enorme área do sertão norte, atacando colonos até mesmo próximo de Natal e mobilizando expedições militares que lutaram até 1695. A certa altura, Canindé, o líder dos janduís, principal etnia em guerra, chegou a comandar simultaneamente 22 aldeias distribuídas pelo sertão de várias capitanias, com quase 14.000 pessoas e 5.000 homens armados de arco-e-flecha, capazes de usar armas de fogo.

Apesar de todo esse poder, a pressão das expedições dos paulistas acabou por levá-los a propor em 1692 um armistício, quando apelaram por "uma paz perpétua para viver essa nação e a portuguesa como amigas", prometendo "agir como submissos vassalos com obediência para sempre" e se comprometendo a apoiar o combate a forças invasoras, índios inimigos dos portugueses e a notificar sobre qualquer mina de ouro, minério ou pedras preciosas localizada em suas terras, dentre outros compromissos. Em contrapartida pediam que sua liberdade fosse mantida e, cedendo terras para currais dos portugueses, exigiam o direito de possuir terras suficientes para o sustento de suas aldeias.

Outra zona de conflitos acirrados foi a capitania de São Paulo, onde assaltos de índios, roubos e violências, conforme o estudo de John Monteiro, mereciam atenção das autoridades de suas vilas. A partir de 1650, deflagram-se sangrentas rebeliões, provocadas pelo elevadíssimo número de índios em relação aos brancos nas zonas rurais (oito para cada homem branco) e pela falta de alimentos em meio a uma população indígena repleta de escravos não-tupis. No Juqueri em 1652 rebeldes exterminaram os brancos, dentre eles o proprietário da fazenda, queimando plantações e matando os animais. Descrição da época dá conta de que os rebeldes, entre 500 e 600 escravos índios, "não deixaram coisa viva que não destruíssem, matassem e comessem".

Uma das formas mais contundentes e originais de resistência à escravização indígena mereceu contornos espirituais. A chamada "Santidade de Jaguaripe", que floresceu na Bahia em data próxima a 1580, na região homônima, representou a criação de um culto religioso sincrético que prosperou quando instalado nas terras do senhor de engenho Fernão Cabral, fidalgo e protetor da seita.

Nessa área de intenso contato entre as populações nativas e os portugueses, onde a escravidão era desenfreada, acreditavam os integrantes da Santidade que poriam fim à escravidão e inaugurariam um tempo de felicidade. Conforme apurou Ronaldo Vainfas, os devotos organizaram uma liturgia própria, referenciada no catolicismo, em que construíam templos, realizavam cerimônias, criavam ídolos de pedra e deviam obediência a um papa e bispos que entronizaram na nova Igreja. Cerimônias eram regadas a bebidas e infusões da erva santa, o tabaco, acompanhadas de transes espirituais. Também as crenças derivavam da religiosidade dos tupinambás, habitantes da costa no início do século XVI, como a busca da "Terra sem Mal", tempo de bem-aventurança para a comunidade de fiéis.

Com o apoio do senhor de engenho, ao que parece interessado em recrutar mão-de-obra através da chegada de novos seguidores à sua fazenda, a Santidade de Jaguaripe reunia ex-escravos e índios aldeados, e mais tarde africanos e escravos fugidos. Liderado por um índio chamado Antônio, catequizado pelos jesuítas, meio cristão, meio tupi, o culto tomou feição agressiva à medida que se organizavam saques, ataques e incêndios com grande poder de destruição a plantações e fábricas de engenhos na região, além de recrutarem fiéis entre os escravos das propriedades. Em certos momentos temeu-se que a Santidade organizasse "um motim e alevantamento geral contra os brancos", mostrando o temor racial que pairava. O perigo e os prejuízos não tardaram a despertar a vocação repressiva de senhores e da administração. A Santidade, ao combinar a sabotagem da economia colonial à heresia, atraía as piores expectativas. Em um dos episódios da reação, depois de capturado em 1585, um de seus "papas" teve a língua arrancada, sendo enforcado em seguida.

Ser rebelde no Brasil. Os episódios de resistência e de protesto escravo se multiplicaram na América portuguesa no mesmo ritmo em que se ampliava a chegada de africanos. Mas a insurreição coletiva talvez esteja longe de ser, no caso dos escravos durante a época colonial, a melhor maneira de se acompanhar o protesto desse grupo.

A resistência individual ou coletiva se desenrolou intensamente e sob variadas formas, nem sempre violentas ou radicais: feitiços contra os senhores, fugas para a liberdade, simulação de doenças para evitar o trabalho, quebra dos instrumentos de produção ou a constituição de laços de solidariedade étnica no interior das unidades de produção. Os quilombos, ainda que constituíssem, segundo as palavras de João José Reis, uma espécie de "rebeldia ambígua" — uma vez que ao se refugiarem e buscarem sobreviver com autonomia não lutavam pela destruição frontal da escravidão —, são focos de resistência clássicos. Tremenda e cotidiana, a resistência dos escravos esteve presente nas formas negociadas de convivência entre os senhores e africanos, mulatos, crioulos.

Acontecimento raro ao longo da época colonial, a insurreição geral tornou-se freqüente apenas mais tarde, no século XIX, a exemplo da Revolta dos Malês em 1835, na Bahia, ou a revolta de 1833 em Carrancas, Minas Gerais.

Porém, a sucessão de fugas e a constante formação de quilombos parece ter alimentado as rebeliões em fazendas. Foi o que se passou em Camamu, na capitania de Ilhéus, ao sul da Bahia, em 1691, de acordo com os estudos de Lara de Melo dos Santos. A vila foi violentamente atacada por rebeldes que teriam partido de um quilombo nas proximidades. Houve invasão de casas, roubo de armas, destruição de plantações, assassinato de proprietários e seqüestro de mulheres e crianças. A ação catalisou os escravos existentes na área e tornou-se uma insurreição coletiva. Logo mobilizaram perto dali uma vila rebelde, que recebeu o nome de Santo Antônio (santo de grande popularidade, invocado tanto pelos senhores contra a rebelião dos escravos quanto pelos escravos em busca de proteção), inclusive com um governador próprio e um pequeno exército. Eram liderados por mulatos escravos nascidos no Brasil que conseguiram governar temporariamente grupos muito distintos, africanos e crioulos (afrodescendentes nascidos no Brasil), e organizá-los para a luta de libertação. A situação era especialmente rara, pois em geral escravos africanos não se entendiam com mulatos e crioulos.

Centenas de escravos se livraram do cativeiro, passando a lutar pela generalização da liberdade e a morte dos brancos e revelando um componente racial muito forte. A experiência durou poucos meses. Expedições enviadas pelo governador da Bahia e integradas por 100 homens (sendo 60 brancos, 20 índios e 20 mulatos) atacaram a vila rebelde, cercada de paliçadas defensivas, sendo recebidos com grande violência. No conflito rufaram "tambores de guerra" para mobilizar guerreiros ao som ancestral e bradaram "Morte aos brancos, viva a liberdade!". Apesar da resistência coletiva de homens e mulheres daquela utopia negra, o episódio se encerraria com grande violência repressiva, tendo ocorrido dezenas de mortes e 25 feridos na batalha. Oitenta rebeldes seriam presos. Após julgamento, a maioria dos escravos seria vendida para longe dali. Três líderes conheceriam um outro destino: condenados à morte, seriam executados em praça pública, teriam suas cabeças cortadas e expostas no local da rebelião.

Algumas décadas depois, as ameaças aos homens brancos voltariam à tona, dessa vez em Minas Gerais. O extermínio do Quilombo de Palmares em 1694 não significara o fim do medo de uma rebelião generalizada de escravos, especialmente em regiões onde havia maior concentração deles. A busca incessante de ouro, cuja mineração exigia bateias girando sem parar, concentrou uma das maiores populações de escravos da América, constantemente renovada em virtude do esgotamento físico, e transformou a capitania de Minas Gerais em um caldeirão de inquietações. Em 1735, na localidade de Catas Altas, ainda em Minas Gerais, uma revolta escrava atacou alguns homens brancos. Os responsáveis foram mais uma vez punidos com castigos exemplares.

A legislação, atenta ao movimento dos escravos pelas ruas, caminhos e minas, e ao controle do uso de armas, não parece ter aplacado o temor permanente dos senhores brancos diante da explosão de uma sublevação geral, temor, contudo, que não se traduziu em protestos efetivos. Se faltavam rebeliões escravas, em compensação multiplicaram-se os quilombos, que teriam sido perto de 160 ao longo do século XVIII. Seriam os quilombos uma forma de negação da ordem escravista, segundo Carlos Magno Guimarães. Ou, talvez, conforme defende Donald Ramos, a existência de tantos quilombos serviria como uma "válvula de escape" da tensão social, ao tornar raras ali as contestações mais frontais da parte dos escravos.

O medo senhorial transformou-se em pesadelo sob ameaças freqüentes de planos secretos dos escravos de destruição e morte dos brancos. Não foram poucas as vezes que o medo de um massacre geral consumiu as elites. Uma dessas ocasiões deu-se em 1719, quando correu a notícia de que na quinta-feira da Semana Santa (dia de Endoenças) os negros de Minas se aproveitariam da devoção de homens e mulheres brancos que comparecessem às igrejas para invadir as casas, tomar as armas e passar todos no fio da espada. Porém, a poucos dias da Semana Santa, dois representantes das etnias Mina e Angola se desentenderam sobre qual deles comandaria o massacre, e o preterido denunciou o complô às autoridades locais. Imediatamente estas promoveram um desarmamento dos negros nas áreas de maior concentração. Dois negros na região de Ouro Preto — ao que parece um dos focos da insurreição — foram presos. O governador, acompanhando de perto as providências para prisões e investigações, admitiu que aquilo "era perigosíssimo para o Governo e para a América". Soube-se então que os insurretos chegaram a nomear um rei, príncipe e ocupantes de cargos militares. Um novo e pavoroso boato apareceria em 1756, quando se falou em um plano geral de escravos mineradores que, mancomunados com os aquilombados, tomariam as maiores vilas de Minas, que passariam a ser governadas por líderes previamente eleitos, logo depois que fossem assassinados todos os homens brancos e mulatos, distraídos nos exercícios religiosos.

A variedade étnica entre os cativos nas propriedades, situação estimulada pelos senhores, dificultava planos comuns e até estimulava muitas vezes os conflitos e as disputas étnicas, muitas delas enraizadas na África.

Ademais, forros disputavam mercado de trabalho com escravos, negros se opunham a mulatos. Crioulos, em geral aculturados, não se entendiam com os pretos, normalmente africanos, quando o assunto era preparar uma rebelião.

O levante escravo no engenho Santana em Ilhéus, no sul da Bahia em data próxima a 1789, revela mais uma vez essas divisões. Essa insurreição é especialmente surpreendente não por lances de violência ou radicalismo, mas porque ali os escravos amotinados redigiram um acordo que apresentaram ao proprietário com os termos para acabarem com a revolta. Verdadeira lição sobre os limites e as peculiaridades da insurreição escrava, nos termos do "Tratado", ao contrário do que se pode — e deve — imaginar, os escravos não reivindicavam a liberdade nem sequer mencionavam os castigos corporais. Pediam, isso sim, a substituição dos feitores e a participação na escolha dos próximos, melhores condições de trabalho — mais dias para cultivar lavoura própria, embarcação para levar seus produtos para serem comercializados na cidade, mais funcionários nas tarefas dos engenhos, diminuição dos pesos e medidas utilizados etc. Organizada por escravos nascidos no Brasil, e ao que tudo indica, com noções de seus direitos, a rebelião também exigia que as tarefas mais difíceis e arriscadas fossem feitas pelos africanos recém-chegados ao engenho: "Quando quiser fazer camboas [pesca feita em áreas pedregosas] e mariscar mande os seus pretos Minas."

Como se vê, poucas vezes parece ter havido condições de os escravos organizarem insurreições com o objetivo frontal e direto de acabar com a escravidão, obter a liberdade e romper totalmente com a ordem escravocrata. Talvez pelo fato de que "o ato de insurgir-se é extremo e, por sua própria natureza, representa o rompimento total", conforme dizem Silva e Reis. Mas escravos foram também capazes de negociar formas toleráveis de cativeiro.

Situados nos primeiros séculos na periferia do corpo político da Monarquia, quando a integração social e política patinava, suas formas de contestação descambaram para a violência brutal, mas em diversos momentos aceitaram a adoção de meios políticos de negociação e acordos típicos do Antigo Regime.

Batinas e fardas rebeldes

Fora, padres! O combate dos soldados de Cristo na terra dos papagaios enfrentou não apenas a renitência dos nativos, sua inconstância e reações, a concorrência de outras ordens religiosas e a desconfiança da Coroa. O empreendimento dos jesuítas, especialmente a catequese, não raro fez com que os padres fossem furiosamente atacados por colonos luso-brasileiros e até mesmo expulsos das vilas onde atuavam. O eventual espanto diante de uma atitude que feria o respeito devido aos representantes católicos, especialmente com uma das ordens mais empenhadas na evangelização em plena Contra-Reforma, só é possível de se explicar graças à intensidade com que caminhou o problema da disputa por mão-de-obra.

Se o século de fundação da conquista foi dedicado à implantação da Ordem, com a criação na província do Brasil da Companhia de Jesus em 1553, a fundação de Colégios (São Paulo, 1554; Salvador, 1560; São Vicente, 1568; Olinda, 1576; São Sebastião, 1573; Santos, 1585) e de aldeamentos, e definição de recursos para o seu financiamento, no século XVII a Companhia de Jesus enfrentaria as conseqüências de seu esforço de combater o cativeiro dos ameríndios.

Rapidamente esgotou-se a possibilidade de colaboração entre colonos e jesuítas, lembrada na instrução de dom João III a Tomé de Souza em 1548, que recomendava estimular agrupamentos de índios próximos às vilas para melhor aculturação destes. Espécie de ensaio dos conflitos que ocorreriam depois, em 1593 jesuítas foram expulsos da capitania da Paraíba e suas aldeias passaram a ser administradas pelos franciscanos.

Desde a década de 1610 assistiu-se a uma sucessão de ofensivas dos colonos, sobretudo paulistas, contra as missões no Sul. As missões da região do Guairá, onde jesuítas alimentaram um projeto ambicioso de formação de uma comunidade religiosa isolada dos interesses coloniais, sofreu intensas *razzias* em busca de força de trabalho até sua completa destruição na década de 1620. Várias missões foram dizimadas, outras viraram exemplos de resistência, como a derrota que os paulistas sofreram para os jesuítas e índios em Mbororé, na margem direita do rio Uruguai, em 1641.

Os ataques às missões se sucediam no mesmo ritmo em que a legislação régia buscava inutilmente proteger os índios da escravidão. Embora date de 1570 a primeira lei contra o cativeiro indígena — que permitia porém a escravização dos aimorés e quando se tratava de "guerra justa" —, o início do século XVII conheceria diversas medidas da parte do rei reafirmando a liberdade. Nenhuma delas sequer arranhou as ferozes expedições de captura e cativeiro dos "negros da terra".

As ofensivas arrasadoras dos bandeirantes nas missões de Guairá e Alto Uruguai levaram os jesuítas a buscar em 1639 a intervenção direta do papa em Roma. Urbano VIII promulgou então um breve reafirmando a liberdade dos índios e proibindo sua escravização sob pena de excomunhão: "que daqui por diante não ousem ou presumam cativar os sobreditos índios, vendê-los, comprá-los, trocá-los, dá-los, apartá-los de suas mulheres e filhos, privá-los de seus bens e fazenda, levá-los e mandá-los para outros lugares, privá-los de qualquer modo da liberdade". Da mesma forma, Filipe IV, rei da Espanha e Portugal sob a União

Ibérica (1580-1640), emitiu decisão reafirmando a liberdade indígena. Porém, para que essas ordens tivessem valor legal nas terras portuguesas — que preservavam certa autonomia apesar da união das Coroas —, deveriam ser vertidas para a língua portuguesa e aprovadas pela Chancelaria de Portugal.

Com alguma dose de imprudência, mas explicável ansiedade, jesuítas viajaram com o breve papal e as ordens régias para a América sem esperar a versão portuguesa dos textos legais e sua aprovação. Ao desembarcarem no Rio de Janeiro, colocaram em pauta a necessidade da divulgação dos documentos à população. Após sucessivas reuniões entre o governador, o administrador eclesiástico da cidade, jesuítas do Colégio do Morro do Castelo e membros de outras ordens, concluiu-se pela divulgação do breve nas capitanias de São Vicente e Rio de Janeiro. Cópias seguiram para as autoridades eclesiásticas em São Paulo e Santos.

No Rio, sem que o breve tivesse sido imediatamente promulgado, a notícia da existência de uma ordem condenando o cativeiro indígena provocou uma assembléia geral de diferentes autoridades civis e eclesiásticas — exceto os jesuítas e o governador — no início de maio de 1640. Dias depois, o breve foi lido no púlpito da igreja do Colégio, causando imediato furor. Multidões seguiram para a casa do administrador eclesiástico, que, sem se comprometer, acusou os jesuítas e sugeriu à turba que fosse cobrar satisfações deles. Sem titubear, os amotinados dirigiram-se aos gritos para o Colégio, arrombaram a porta com um machado e invadiram o prédio gritando "Mata, mata, bota fora, bota fora da terra, padres da Companhia". Padres e colonos trocaram desaforos e, a poucos instantes do linchamento, os clérigos escaparam com o aparecimento do governador Salvador de Sá e sua guarnição. Os amotinados só se retiraram do prédio após a garantia por escrito dos jesuítas de que não publicariam o breve e não puniriam os rebeldes. No mês seguinte, depois de alguns encontros e debates, chegou-se a um acordo com a desistência dos jesuítas, que afinaram diante dos senhores que se serviam de índios para trabalho em suas propriedades. Os colonos desistiram de expulsar os padres do Rio.

Em Santos, a leitura em voz alta do breve causou reação igualmente furiosa com gritos de "Fora com os padres da Companhia; mata, mata os padres da Companhia, que são a causa de tudo isto". Desesperados, os clérigos correram para fugir das perseguições na rua até se refugiar no convento, enquanto uma multidão tentava arrombar a porta aos gritos. Da janela do prédio, o superior da Companhia apareceu com um crucifixo, diante do qual todos se ajoelharam contritos. Do alto questionou a multidão furiosa, pois se quisessem desobedecer ao papa, estariam agindo como hereges. O apelo não convenceu. Invadiram o prédio e arrastaram pelo chão um dos padres para que ele cobrasse do superior a entrega do breve. Diante da ameaça de linchamento que se avizinhava, sem titubear, atirou da sacada o documento para a multidão. Também em Santos escapariam da expulsão por ora. Depois desses conflitos em São Paulo, os jesuítas tornaram-se mais prudentes, divulgando as novas medidas tão-somente após a chegada da ordem régia e, apesar de alguma reclamação, poucos foram os atritos com os padres.

A oposição ao cumprimento da decisão papal não diminuiu. Depois de promoverem uma reunião entre as câmaras do Rio e São Paulo, os "homens bons" votaram pela expulsão dos padres da capitania de São Vicente, como punição pelo empenho da Ordem na defesa da liberdade da principal força de trabalho daqueles senhores.

Como um eco, essa mesma crise explodiria décadas depois nas capitanias do Norte, onde a economia também dependia do cativeiro indígena e os jesuítas enfrentavam duras batalhas contra os capitães das entradas que desrespeitavam seus aldeamentos. Uma enorme polêmica se instalou na década de 1650, quando ordens régias colocaram os índios sob a tutela da Companhia. O atrevimento duraria pouco: em 1661 o Colégio da Ordem em São Luís foi invadido e os padres, expulsos de todo o Maranhão. A situação se repetiria décadas depois, com a Revolta de Beckman, tema a ser tratado adiante.

Sem farda, ração e pólvora. Ao lado das dificuldades da gestão da mão-de-obra no Brasil Colônia, a defesa das vilas, portos, criações e plantações consumiu uma enorme tensão, traduzida na eclosão de motins de soldados. Um império colonial marítimo e com tamanha extensão territorial exigia gastos consideráveis para proteger os moradores, as propriedades e as riquezas dos ataques de piratas e corsários, assim como defender o interior das agressões de índios e quilombolas. O resultado — tendo em vista que a Metrópole esteve pouco disposta a contribuir — foi a sobrecarga fiscal dos colonos, convocados para pagar rações e fardas de soldados, garantir-lhes alojamento, manter as fortificações, os paióis de pólvora e a artilharia, além dos hospitais. Muitas vezes os contratadores, aqueles que arrematavam da Coroa o direito de explorar alguma atividade econômica ou cobrança fiscal e, em contrapartida, sustentar as forças militares com ração e farda, desviavam os recursos, deixando todos à mingua.

Desgastes com essas mesmas raízes causariam uma revolta que assolou Salvador da Bahia em 1688. O atraso de nove meses no pagamento dos soldos, obrigação dos contratadores de tributos, sublevou os soldados do Terço Velho. Aproveitando-se da moléstia grave do governador Matias da Cunha, que participava de reunião para a eleição imediata de um substituto, os soldados armados ocuparam o Campo do Desterro, cercaram a casa de pólvora e ameaçaram saquear a cidade, em especial a casa dos oficiais da Câmara, caso não recebessem o pagamento no prazo de um dia. A violência, que incluía saques a mercadorias nas estradas, durou três dias, com mais de 20 mortes nos conflitos. Apesar da resistência dos amotinados a entregar as armas, as negociações com a Câmara resultaram no pagamento dos soldos atrasados, assim como na concessão do perdão. Este, apesar de assinado, não seria respeitado pelo novo governador, Antônio Luís Gonçalves da Câmara Coutinho, que castigou severamente os envolvidos.

Em 1728, os oficiais do Terço Velho, apoiados pelos do Terço Novo, da Bahia, voltariam a se rebelar, dessa vez contra o rigor do ouvidor do Crime e da Justiça Militar, por todos odiado. A causa do descontentamento alimentaria motins em outras partes da América em que a carreira para soldados de baixa patente resumia-se à violência da disciplina, à fome e por vezes à compulsoriedade. Servir raramente era uma opção, mas quase sempre um desterro. Dessa vez em Salvador a explosão de fúria dos soldados reagiu às injustiças dos oficiais que lhes aplicavam castigos demasiados, prisões ilegais, e arbitrariedades contínuas e injustificadas. A tensão se adensou e mais de 300 soldados se reuniram à noite junto ao paiol de pólvora para insultarem o ouvidor-geral do Crime. Avançaram ao som de caixas de tambores e marcharam pela cidade rumo à residência do magistrado. O vice-rei do Brasil e governador da Bahia, avisado do motim, dirigiu-se ao Campo do Desterro para tentar persuadir os soldados. No encontro, que reuniu 50 homens armados com as baionetas prontas nas armas de fogo, registrou sua estranheza com aquele atrevimento e ouviu blasfêmias e imprecações dos soldados contra o ouvidor. Exigiram do governador a libertação dos soldados presos por ordem do magistrado, perdoando-os e anistiando-os de qualquer culpa e furto. Enquanto isso, os soldados do Terço Novo foram cooptados e obrigados a participar, passando a patrulhar a cidade em várias divisões, gritando "Morra o ouvidor do crime!", "Morram todas as justiças!", atacando alguns letrados e tomando a chave do paiol. Vários encontros foram realizados pelos soldados e oficiais leais ao governador. O governador despachou enviados com propostas para os amotinados, dentre elas a concessão do perdão. Depois de aceitarem as propostas e colherem assinaturas, inclusive a do arcebispo, recolheram-se aos quartéis e desmobilizaram mais de 600 homens envolvidos na sublevação. Não sem antes gritar "Viva el Rei!" e rezar a Salve-Rainha para agradecer a proteção alcançada.

O castigo mais uma vez não demoraria. Simulando o recebimento de uma ordem régia que o obrigava a reorganizar a defesa, o governador espalhou soldados fiéis pelos quartéis para saber o nome dos principais envolvidos e dividiu o Terço Velho em destacamentos designados para as diversas fortalezas. Desarticulados, são presos diversos suspeitos e julgados 23 réus, dos quais 10 são condenados à morte e os demais degredados para Benguela e outros locais da costa africana. O cabo-de-esquadra Antônio Pereira, identificado como o conspirador que teria iniciado o plano, foi morto na porta do quartel onde realizara os encontros e ali mesmo enforcado, dividindo-se o corpo em quartos e sendo seus pedaços e a cabeça espalhados pelos lugares percorridos pela conspiração. Não sem que o governador exigisse que aquela cena edificante fosse assistida por todos os soldados do Terço.

Se a vida dos soldados era difícil em Salvador, maiores eram as privações em áreas próximas às fronteiras do Império colonial. Aqueles que serviam no presídio do Rio Grande do Sul, implantado em 1737, pouco se diferenciavam da condição de prisioneiros: não podiam possuir cavalos, eram proibidos de circular livremente, exigindo-se para isso uma autorização do oficial, encerrados às 20 horas devendo se apresentar para inspeção à meia-noite, ao meio-dia e às 18 horas. Seu universo era marcado por prisões e castigos corporais. Não bastasse isto, a Fazenda Real também mostrava-se incapaz de pagar em dia o soldo, oferecer as fardas e prover a alimentação dos soldados com carne ou farinha. A situação descrita era de verdadeira miséria, pois contavam em 1740 com uma espiga de milho por dia e uma abóbora para 15 dias, sem poderem buscar seu sustento através da caça ou pesca. A revolta seria justificada em documento endereçado ao governador Diogo Osório Cardoso, pois viam-se "ultrajados, passando excessivas misérias em que os têm posto a falta de 20 meses de soldos e três anos de fardas, desenganados de que por outro caminho não eram atendidos". Vexados por todos os lados, a infantaria, artilharia e os soldados dragões do presídio amotinaram-se em 1742 por dois meses. Unindo-se a grupos populares, sem apoio dos oficiais, e depois de gritar "Viva o rei!", nomearam um novo comandante e novos oficiais do presídio que ocupavam, com reivindicações dirigidas ao governador: pediam o direito de possuir canoas para pescar, o fim das apresentações que deveriam fazer perante seus oficiais várias vezes ao dia e à noite, tratamentos e remédios adequados, além do fim dos castigos aplicados pela "leve presunção de quererem desertar", embora defendessem que desertores e ladrões fossem severamente punidos.

Uma das causas da inquietação fora também o não-cumprimento de um acordo por parte do comandante do presídio, o brigadeiro José da Silva Paes, que concordara em permitir que soldados de outras praças pudessem ser trocados por soldados do presídio e, depois de estes últimos sentarem praça, impediu que saíssem.

Sem mantimentos e sem recursos para o pagamento dos soldos atrasados, o comandante não debelou o motim, ficando preso pelos rebeldes no presídio até que se comprometesse a buscar recursos em Santa Catarina. Depois de concordar com a exigência, abandonou o presídio, recolhendo-se em sua estância para aguardar a chegada de um navio do Rio de Janeiro. Quando este chegou, com recursos financeiros, entregou a verba para a tropa, que permanecia insatisfeita. O brigadeiro, comandante da região, desdobrou-se em promessas de que a complementação estava a caminho e, com a concessão de perdão com a assinatura do governador e capitão-general da capitania do Rio de Janeiro Gomes Freire, a revolta se recolheu. Mas deixou uma suspeita inquietante, pois muitos desses soldados que tinham "por vida a revolução", como afirma um documento de época, estiveram presentes nas revoltas militares da Bahia e mesmo do Rio de Janeiro. Apesar da fronteira e das distâncias em relação aos principais centros coloniais, as noções de justiça e de direito que possuíam não deixaram de ser ativadas para a luta rebelde por direitos.

"Abaixo os impostos!... e as frotas"

Bequimão contra o monopólio. Em um trecho das sátiras atribuídas a Gregório de Mattos, a situação da carestia colonial diante do regime de comércio aparece com a contundência habitual. Da Bahia, o poeta se interroga: se a frota portuguesa "não traz nada/ Por que razão leva tudo?/ ... frota com a tripa cheia,/e povo com pança oca!".

Mas foi no Maranhão, com pouco humor e muita violência, que um dos primeiros ensaios da resistência ao monopólio das companhias de comércio foi escrito. Repetindo a fórmula adotada para o resto do Brasil, a Coroa em 1682 concedeu a negociantes da Metrópole o privilégio exclusivo por 20 anos de todo o comércio do estado do Grão-Pará e Maranhão. Os assentistas passaram a controlar as importações e exportações para a região, além de cobrarem taxas de transportes e acenarem com a promessa de trazer 500 escravos africanos por ano, no total de 10 mil ao final da concessão.

Recebida com esperanças pela população, a ação da Companhia transformou-se em infortúnio. Administradores foram acusados de fraudar pesos e medidas, trazer do reino produtos de baixa qualidade, adulterar preços, recusar a exportação de produtos pouco lucrativos. Os escravos africanos prometidos não chegavam, e a pouca regularidade das frotas, que com o atraso deixavam estragar produtos que ficavam aguardando a exportação, azedava os ânimos. Para piorar, os administradores converteram-se em concorrentes e consumidores da escassa mão-de-obra ao montar uma fazenda com índios a que tinham direito.

À crítica ao monopólio conjugava-se a resistência à Companhia de Jesus, que mais uma vez atraía o ódio dos colonos com sua política de defesa da escravidão indígena, recentemente proibida, conforme lei e provisão de 1º de abril de 1680. A dificuldade de obter mão-de-obra nativa, a fome, os desmandos do governador, os atrasos nos soldos da infantaria acenderam o rastilho de pólvora. Bastou o governador Francisco de Sá e Menezes afastar-se por alguns dias para que as insatisfações explodissem. Sob a liderança de um senhor de engenho local, ainda que de origem portuguesa, Manuel Beckman (que aportuguesara seu sobrenome para "Bequimão"), foram organizados encontros com vários setores da sociedade, pasquins injuriosos à Companhia de comércio começaram a circular e frades e clérigos, dentre eles os capuchinhos e outras ordens rivais à dos jesuítas, dos púlpitos disparavam sermões concitando a população à revolta.

O protesto armado explodiu na madrugada de 24 de fevereiro de 1648, com planos de, numa só tacada, expulsar os assentistas e os jesuítas e depor o governador e capitão-mor. Os amotinados seguiam "pelas principais ruas, batendo em todas as portas, e agregando a si, bem ou mal armados, os moradores", segundo o historiador João Francisco Lisboa. Com o apoio da infantaria e dos estudantes, "meninos das escolas", trancafiaram os jesuítas em seu Colégio, deixando-os sob vigia, e tomaram a "casa do estanco", prédio que armazenava os gêneros sob monopólio. Nomearam Manuel Bequimão um dos dois procuradores do povo, convocaram uma junta do "clero, nobreza e povo" na

Câmara Municipal e aprovaram as medidas de abolir o monopólio, expulsar definitivamente os padres da Companhia de Jesus e depor o governador.

O governo de Bequimão prolongou-se até a chegada do novo governador do Maranhão, tenente-general Gomes Freire, em maio de 1685 — mais de um ano depois do início da revolta! —, nomeado pela Metrópole. Mal pisou a terra ele mostrou a que viera: restabeleceu a Companhia de Comércio e enforcou os principais líderes, Manuel Bequimão e Jorge Sampaio, em um patíbulo na praia do Armazém, atualmente Trindade, após julgamento sumário. Outros envolvidos sofreram a pena do açoite público e degredo.

Cobranças fiscais, resistências sociais. Ao lado do monopólio comercial, a fiscalidade que Portugal aplicou sobre o Brasil Colônia foi razão de enorme descontentamento. Os impostos excessivos, pesados e sem consulta, ao lado do sistema de frotas que trazia prejuízos aos produtores, feriam as regras de justiça e bom governo que deveriam merecer. Uma das tantas cidades que viveu em clima de inquietação permanente diante das reações antifiscais foi o Rio de Janeiro. Na madrugada do dia 8 de novembro de 1660 um grupo de proprietários de terras no recôncavo atravessou a baía de Guanabara e reuniu uma multidão no Paço. Milhares de pessoas ocuparam a Câmara Municipal, destituíram seus conselheiros e depuseram o governador da capitania, que então se encontrava em viagem de negócios. Pelas ruas gritavam por "Liberdade", repicavam o sino da Câmara, dirigiam palavras de ódio às autoridades e aclamavam "Vivas a Vossa Majestade", que reafirmavam como seu rei e senhor. Em meio aos tumultos, casas de pessoas identificadas com o governo foram saqueadas, padres jesuítas e beneditinos, atacados e ofendidos pelo povo armado e os oficiais da Justiça real, constrangidos a aprovar por meios legais medidas de reforma imediata.

Os funcionários nomeados pelo rei foram substituídos por representantes dos moradores, que administraram ao longo de seis meses a cidade que, na segunda metade do século XVII, representava um dos principais pólos econômicos de todo o Império colonial português. As pesadas taxações que estavam obrigados a pagar para manutenção das tropas de defesa desgostavam os moradores e, para piorar a situação, esses recursos, depois de arrecadados, eram com freqüência desviados para outras finalidades.

Essa insatisfação explodiu na "Revolta da Cachaça", quando se tentou dar início à cobrança de uma nova taxa a todos os moradores da cidade para atender aos gastos com sua defesa. Outras sérias acusações contra o governador Salvador de Sá Correia e Benevides ajudaram o movimento pela sua deposição: denúncias de tirania, de ocupar os altos postos da capitania com parentes, de exorbitar sua jurisdição e, ainda, coibir o direito de representação direta ao rei que possuíam os colonos. Para não falar da política do governador de aproximação com a Companhia de Jesus na defesa dos índios contra a escravidão.

Após a primeira onda de tumultos, um novo governo composto por representantes dos vários grupos da população promoveu eleições para a Câmara Municipal e aprovou uma espécie de Constituição com 15 capítulos que reformavam a administração. Ainda que intensas mobilizações tenham sido preparadas para rechaçar o retorno de Salvador Correia, a reação armada do governador e o isolamento dos amotinados, que não haviam conseguido o apoio das capitanias vizinhas para sua causa, facilitaram a reconquista da cidade, para a qual o general empregou 100 índios de suas fazendas e navios das frotas portuguesas.

Com a entrada do governador e a retomada dos principais fortes da cidade, na mesma noite foi enforcado o líder da revolta, Jerônimo Barbalho, ficando sua cabeça exposta no pelourinho da cidade. Quase uma dezena de presos foi enviada para as masmorras.

Em Salvador, capital da Colônia, os anúncios de novos impostos também eram sempre notícias incendiárias. Quando, em 1711, tomou posse o governador-geral do Brasil, Pedro de Vasconcelos, e se divulgou uma série de novas medidas fiscais, estourou imediatamente um motim nas ruas. Os rumores de que se aumentariam os direitos sobre as mercadorias importadas e sobre os escravos traficados da África, para financiar investidas contra os piratas, mobilizaram a população, também incomodada com o elevado preço do sal estocado pelos contratadores.

Mal começava seu governo quando, em meio a uma reunião com os conselheiros municipais, a maior autoridade da Colônia presenciou, chocada, a casa da Câmara ser invadida por uma multidão liderada por um comerciante conhecido como "Maneta", exigindo o cancelamento dos novos tributos e a redução do preço do sal. Depois de garantias de que se tratava apenas de boatos o povo furioso se dispersou. No dia seguinte o sino da Câmara Municipal seria acionado convocando a população da cidade para se encontrar e marchar em protesto. O palácio do governador foi atacado pela multidão, e sua figura, ofendida com palavras insidiosas. Durante todo o dia a turba formada por comerciantes, soldados, marinheiros, padres, oficiais mecânicos e homens pobres ficou no controle da cidade. A residência do contratador do sal, uma das mais opulentas do núcleo urbano, foi invadida e todos os seus móveis jogados pela janela, objetos quebrados e arrombados os depósitos de sal e de bebidas, espalhados pelo chão das ruas.

Antes que o protesto evoluísse para atos de maior violência, o arcebispo reuniu cônegos e membros das irmandades da cidade e saiu em procissão conduzindo o Santíssimo Sacramento e os símbolos sagrados da religião. À sua passagem os revoltosos interromperam os saques e o enfrentamento com as autoridades para guardar suas espadas e prostrarem-se em adoração religiosa. Mas as demonstrações de fé duraram pouco. Logo que a procissão se recolheu à igreja matriz, os amotinados retornaram às ruas cercando novamente o palácio do governador e exigindo a suspensão dos tributos e o barateamento do sal. Sem poder contar com o contingente de soldados da cidade, que aderira ao movimento desde as primeiras horas, ao governador poucas alternativas restavam além de aceitar as exigências que lhe eram feitas: suspendeu os novos impostos e reduziu o preço do sal. Só então, depois de um longo dia, o sino da Câmara silenciou, pondo fim ao tumulto.

Em muitas outras ocasiões ele voltaria a dobrar, como aconteceu um mês depois, conclamando nova revolta contra o mesmo governador, acusado de negligência e covardia. Aos gritos de "Viva o Povo e morram os traidores", obrigaram-no a mobilizar contingentes e recursos financeiros para organizar uma frota a fim de defender o Rio de Janeiro, que havia sido invadido pelos franceses em 1711. Após a pacificação das duas revoltas o governador recorreu à dissimulação: prendeu os envolvidos, seqüestrou bens de vários deles, condenou alguns ao degredo e açoitou em praça pública outros que haviam se destacado na liderança.

A luta entre os interesses da Fazenda Real e aqueles contrários à ampliação da arrecadação desenrolou-se em vários ritmos, mas ganharia uma velocidade vertiginosa ao alcançar Minas Gerais durante o século XVIII. "As Minas" — disse o historiador Diogo de Vasconcellos — "não tiveram infância. Nasceram como a Deusa de Atenas, já feitas e armadas." Nas primeiras duas décadas de produção de ouro, os interesses portugueses viram-se reféns dos poderosos locais, obrigados a se conformar com o que aqueles moradores consideravam justo oferecer como tributo pelo ouro que mineravam. Governadores e os primeiros mandatários do rei tiveram dificuldade de atuar ali, alguns deles sequer conseguindo entrar na área, barrados por bandos armados que se recusavam a obedecer às novas autoridades.

A revolta que assolaria Vila Rica em 1720 nasceu de desgastes que pouco têm a ver com a cobrança do quinto, quando o ouvidor se indispôs com grupos locais poderosos. Já inquietos, a oportunidade oferecida com o anúncio de instalação de casas de fundição para a cobrança do quinto sobre o ouro não foi desperdiçada. O novo método de arrecadação concentrava nas mãos da administração régia a exclusividade de fundir o ouro, ao mesmo tempo em que proibia o tradicional costume do uso do ouro em pó. A reação contra os direitos feridos pela lei de 1719 foi imediata.

Num primeiro momento a casa do ouvidor foi atacada e a documentação judicial, destruída, e foi redigido o termo com as reivindicações. Dias depois, mesmo com o esforço do governador conde de Assumar para apaziguar a situação de tensão com a concessão de perdão e a expectativa de atender às exigências formuladas, um segundo protesto muito mais intenso e ostensivo explodiria. Turbas de amotinados deslocaram-se para a sede do governo da capitania e elevaram seu alvo na escala hierárquica: atacaram o governador. Este se desdobrou em promessas, aceitando sem titubear as reivindicações. Caracterizando o espaço de negociação que os sediciosos esperavam contar, encaminharam propostas de armistício em que pediam ao governador que não instalasse em Minas a Casa de Fundição e Moeda; em contrapartida asseguravam 30 arrobas de ouro anuais ao rei, dentre outras exigências. Tratava-se, aí se vê, de súditos sensíveis a excessos da fiscalidade régia, mas fiéis a seu compromisso com a Monarquia e com o pagamento de seus direitos tradicionais.

Dias depois, esperando o momento oportuno quando a calma se restabelecesse, Assumar reuniu a Companhia dos Dragões, tropa de elite que chegara especialmente para atuar contra motins no Brasil, e massacrou os principais envolvidos. Atacou o núcleo das resistências nos morros próximos, incendiando as casas dos líderes. Aqueles que não conseguiram fugir foram sentenciados à morte, e um dos líderes foi sumariamente enforcado e esquartejado diante da população de Ouro Preto.

Se a violenta repressão pôs fim às resistências dos mineradores, o avanço da fiscalidade no sertão de Minas Gerais colocaria novamente os funcionários do rei sob difíceis circunstâncias. A causa dessa vez seria a tentativa de fazer com que, a partir de 1735, criadores de gado às margens do rio São Francisco pagassem ao rei o direito do quinto sobre cada escravo que possuíssem. A enorme resistência que os sertanejos fariam à capitação — novo método de cobrança do quinto, variável conforme o número de escravos — baseava-se num princípio simples: o de que não eram mineradores, não sendo justo que fossem obrigados ao pagamento do direito do quinto, além de já contribuírem com vários outros tributos que incidiam sobre o comércio do gado.

Seus apelos não foram ouvidos na Metrópole longínqua, e o conflito logo se precipitou. Tropas se dirigiram para a inóspita região do sertão, enquanto os fazendeiros mobilizavam seus agregados para atacar os cobradores e soldados que ousassem se aproximar. Durante meses, naquele cenário agreste centenas de soldados, dezenas de capitães-do-mato (utilizados regularmente para caçar escravos fugidos), e dragões enfrentaram caboclos, mamelucos, escravos e índios. Vilas foram tomadas pelos "furores" sertanejos, fazendas incendiadas, produções destruídas, traidores executados, casas invadidas. Gritos de "Viva o Povo" e "Morram os Traidores" circulavam e, por poucos meses, o sertão experimentou um governo popular onde o general-comandante dos exércitos amotinados era um mameluco, e vários postos do governo ocupados por pessoas de baixa condição como índios e mulatos pobres. Porém, talvez consumido pela própria desordem em sua estrutura interna, o movimento tendia a se desarticular e facilitar o sucesso das forças leais. A repressão perseguiu os suspeitos e prendeu quase duas dezenas deles, levados acorrentados para julgamento no Rio de Janeiro e Bahia. Usando de enorme dissimulação, o governador alcançou os grandes fazendeiros da região, seqüestrando suas propriedades e bens.

A pacificação do sertão não apenas encerrou uma experiência poucas vezes vista na América portuguesa, como subordinou aos poderes da Coroa uma importante região que cercava as zonas de mineração.

Como organizar uma revolta

Sob certo aspecto, todas as revoltas se parecem. Ainda mais se, esvaziadas da vibração emotiva que os documentos transpiram, com narrativas de situações violentas, acusações implacáveis e ódios latentes, alinharmos lado a lado os rituais, as ações praticadas e os alvos das muitas rebeliões havidas no Brasil Colônia. E não são apenas parecidas entre si as que aqui ocorreram. Com alguma surpresa, as palavras de ordem bradadas pelos rebeldes de uma vila do sertão do rio São Francisco em 1736 repetiam o mesmo texto presente nos motins de Évora, em Portugal, 100 anos antes. A cena em que o padre com um crucifixo na sacada da igreja e uma procissão aplacaram em Salvador um protesto de rua parece cópia ensaiada do que se passou na Revolta de Palermo, Itália, no século XVII.

Preparar uma revolta exigia um ritual bem definido, uma espécie de dramaturgia social que buscava persuadir o soberano para a legitimidade do movimento e a justiça das reivindicações. Com uma radiografia do desenrolar dos protestos é possível perceber que eles partilham um modelo muito semelhante entre si e distante da idéia de desordem e indisciplina que muitas vezes esses processos sugerem.

O estado de rebelião pedia gestos à altura, executados pela multidão que assumira o controle da situação: vozes, sinos, tropel, agressões, desafios e inversões hierárquicas, destruições de bens, invasão e ocupação das instituições de governo. "Emocionar o povo até a sedição", nas palavras de Jean Delumeau, mobilizar os moradores dos campos e das vilas, cumprir certos rituais de aparente descontrole social, atacar e ofender autoridades associadas ao desconforto comunitário, assinalavam algumas dessas passagens que percorriam os protestos.

Expressões recorrentes nas narrativas das autoridades ameaçadas referiam-se àqueles que estavam "tocando o sino, articulando vozes" e procedendo a "demais ações de amotinador". A investida ganhava cunho ainda mais dramático quando brandiam-se armas que circulavam entre o povo furioso e as espadas eram desembainhadas ameaçadoramente contra os poderes locais. O emprego do "concurso de armas" de "espada nua" foi um gesto de caráter quase sempre simbólico a reforçar o compromisso com a resistência militar em direção às conquistas do movimento.

A mobilização popular ampliada parece ter-se constituído em elemento indispensável desses protestos. Inscrita nas complexas redes de dependência, hierarquias, valores estamentais, cumpria o papel de evidenciar a amplitude das insatisfações e gerar condições para um aparente descontrole da estabilidade política. A mobilização do povo era o recurso por excelência da prática amotinadora e, nesses momentos, parecia pouco importar se a adesão ao protesto era espontânea ou não. Padres, soldados, comerciantes, oficiais mecânicos, escravos, agregados, marinheiros, homens, mulheres, meninos formavam a comunidade insatisfeita e disposta.

Se em todos os protestos o *concurso de gente* ocupou papel fundamental, a presença da turba urbana, de escravos e agregados, nem sempre significou empenho por demandas populares. A participação da "plebe" e do "vulgo" decorria por vezes da convocação e mobilização por parte dos grupos sociais dominantes. Esse fato é perfeitamente coerente com a natureza da sociedade colonial, em que as hierarquias de tipo vertical se sobrepõem às relações de caráter horizontal. As solidariedades nessa sociedade são constituídas mais a partir dos laços de dependência pessoal do que por algum tipo de solidariedade de grupo ou de classes. E os protestos acabam por refletir esse tipo de realidade. Outras vezes há espaço para a expressão e o encaminhamento de reivindicações de escravos, soldados pobres, mulatos e mamelucos sem terra.

Um dos ingredientes catalisadores desses movimentos coletivos parece ter sido a inabilidade dos governadores e administradores locais em lidar com as situações de crise ou com as novas medidas que a Metrópole implementava. Não poucas vezes tais funcionários apareceriam associados ao exercício de um poder despótico aos olhos dos súditos, operando à revelia da vontade do soberano justo e benevolente, alimentando assim a imagem do "rei traído", recorrente nas revoltas do Antigo Regime. Na distância em relação ao poder real, fenômeno especialmente marcante na América, crescia a idéia de que a vontade do soberano vinha sendo violada por seus prepostos coloniais. As acusações dirigidas aos governadores nessas revoltas referiam-se quase invariavelmente a medidas tomadas "sem ordem de Sua Majestade". A situação era tão mais grave quando, em se tratando das regras básicas de um bom governo — justiça, defesa, respeito aos privilégios dos grupos sociais —, intervenções do poder local destruíam o patrimônio dos súditos sem atender ao bem comum.

O reforço à figura do soberano, e ao amparo que deveria proporcionar aos vassalos, estaria configurado em um dos rituais mais comuns nesses eventos: os gritos de "Viva o rei", em que se manifestava antecipadamente o reconhecimento público da lealdade que, na perspectiva desses colonos, ao lado dos clamores contra a usurpação dos direitos tradicionais de súditos, legitimava a prática da rebelião. Tais proclamações estiveram presentes em diversas delas, cumprindo uma fórmula ritual clara. No cartório de uma das vilas do sertão de Minas em 1736, ela se repetiria: os amotinados "se puseram de pés apelidando a voz de todos geralmente viva El Rei de Portugal Dom João o quinto, e todos os seus vassalos repetindo duas e três vezes a mesma voz".

Se o ato de rebelião propiciava situações de desordem, violências e ameaças aparentes, os meios de controle adotados e as formas de negociações revelavam um caráter ordenador. As lideranças nomeadas para conduzir as tratativas eram quase sempre homens bem posicionados na sociedade local, afirmando-se fiéis e leais ao soberano, ainda que amparados pela fúria de escravos, agregados e homens pobres mobilizados para os cercos, invasões, passeatas e mascaradas. As negociações através de advogados ou procuradores do povo, que discutiam as reivindicações com as autoridades régias, representaram, por outro lado, a força do modelo "jurisdicista" que regulava as relações estabelecidas entre súditos na condição de rebeldes e o soberano, conforme categoria do historiador português António Manuel Hespanha.

Isso pode ser verificado seja no encaminhamento das demandas às autoridades através de "capítulos", "termos", "requerimentos", "tratados", seja na convocação freqüente da assessoria de advogados, seja na confirmação por meio de assinaturas e no registro das decisões nas instâncias cartorárias locais. Na revolta do Rio de Janeiro contra Salvador Correa de Sá, os amotinados apresentaram "Capítulos que propõem o Povo deste Recôncavo desta Cidade" com dezenas de reivindicações por escrito; da mesma forma, em Minas, os rebeldes de 1720 apresentaram ao governador o "Termo que se fez sobre a proposta do Povo de Vila Rica na ocasião em que veio amotinado a Vila do Carmo". Após os violentos incidentes a que se assistiu durante essa revolta, aceitas as reivindicações apresentadas ao conde-governador, foi redigido um perdão geral, ato acompanhado por procuradores e devidamente registrado na Secretaria de Governo, onde recebeu o carimbo com as armas reais.

Essa vocação é ainda configurada nas ações que muitas vezes desalojavam os mandatários do poder local — governadores, os integrantes da Câmara, comandantes de regimentos, provedores, ouvidores ou feitores. Mudavam-se os oficiais comprometidos com o governo despótico, ampliavam-se eventualmente as formas de representação, legislava-se para garantir a consecução das demandas que haviam motivado a revolta, mas não se alteravam os mecanismos de tomada de decisão. As mudanças e reformas eram buscadas dentro da ordem, no reconhecimento mesmo do lugar do exercício político por excelência. Isso explica por que muitas vezes o poder tomado pelos rebeldes era entregue naturalmente ao administrador régio sem grandes abalos, como se deu na revolta de Beckman ou na do Rio de 1660.

Processo semelhante ocorria com as nomeações para as instâncias administrativas reais, cujos cargos eram preservados, dando-se contudo sua reocupação por elementos ligados à nova ordem. Os amotinados têm desejo de se institucionalizar sob papéis e funções político-administrativas que guardam continuidade: secretário de Governo, juízes, procuradores, mestre-de-campo, general e outros.

Até mesmo rebeliões com uma composição social de grupos que não partilham inteiramente dos modelos de luta política típicos do Antigo Regime, como escravos africanos ou índios, demonstram alguma aproximação com esse sentido jurisdicista e de institucionalização. Parece que confirmam isso os tratados de paz que os janduís prepararam em 1692 ou que Ganga Zumba apresentou aos portugueses. Da mesma forma fizeram os escravos do Engenho de Santana em 1789 ao negociarem com seu proprietário as condições para a paz. Igualmente foi comum nas revoltas escravas de Camamu ou das Minas a eleição de rei e rainha — que naturalmente decorrem das tradições africanas — como governador e general de armas.

Outro ritual presente nos dias de desassossego relacionava-se a um conteúdo iconoclasta, quando símbolos e objetos eram atacados e destruídos. Propriedades queimadas, casas de potentados esvaziadas, armazéns invadidos e seus estoques distribuídos, papéis e documentos de cartórios inutilizados compunham momentos de descontrole passageiro, mas que eram vitais na identificação dos inimigos que ameaçavam os direitos daquela comunidade, assim como atestavam a generalização das insatisfações.

Enfim, ao se abordar as atitudes da Metrópole, enunciadas na política de repressão, compreende-se um pouco do significado desses movimentos na cultura política dos séculos XVII e XVIII. O que se assiste na repressão às rebeliões coloniais são quase sempre recomendações aflitas, por parte dos conselheiros ultramarinos mais sagazes, de dissimulação e segredo (muito embora não poucos governadores tenham cedido à aplicação imediata da pena capital, como se passa na Bahia com a Revolta do Terço Velho, no Rio de Janeiro com o líder da revolta de 1660 Jerônimo Barbalho, Manuel Bequimão no Maranhão ou Filipe dos Santos em Vila Rica).

A política metropolitana, pregando a dissimulação associada muitas vezes à decretação de segredo perpétuo sobre tais manifestações de insubordinação, se não deixava de reconhecer a extrema gravidade dessas ocorrências, era também resultado do clima de profunda insegurança que rondava os distúrbios coloniais. O recurso respondia à ameaça do apetite de conquistas das nações européias, que desde sempre farejavam oportunidades para iniciativas de ocupação (e cooptação) e certa desconfiança na fidelidade desses súditos distantes que a Metrópole reconhecia viverem sob condições de rigor e sacrifício, afastados da justiça do soberano, gravados pelo peso dos impostos e muitos outros constrangimentos. Em colônias, cumpria aguardar que os ânimos serenassem e que as tensões momentâneas se dissipassem para se proceder ao castigo e a eventuais punições exemplares. O segredo e a dissimulação eram peças-chave.

Houve no enfrentamento dos motins coloniais um exercício repressivo que caminhava sob o fio da navalha, confrontando-se as limitações no campo da política colonial (fiscalidade excessiva, defesa onerosa para os bolsos dos súditos ultramarinos, compressão na representatividade política, regulamentação comercial, ação nefasta de contratadores, dentre outras) e as normas que deveriam conduzir o ordenamento político e social dos súditos. Se a Metrópole aplicava grande pragmatismo nesses casos, nem por isso abriu mão do monopólio da violência e do perdão, cuja concessão o rei em momento algum deixou à disposição dos governadores e altas autoridades coloniais. Do trono, assessorado por conselheiros algo atemorizados com a inquietação dos vassalos moradores nas conquistas, o perdão, inserido na mesma política de pacificação e segredo, quase sempre encerrava a vaga de ódios e temores após as ameaças de repressão. A benevolência afinal era um dos atributos do rei justo e, mais que isso, atitude compatível com o significado dos motins como recursos políticos dos súditos sob a cultura política do Antigo Regime.

Apesar dos contornos conservadores, e em certa medida ordenados, que as rebeliões indicam, algum espaço houve para radicalização. Algum pragmatismo político esteve presente nessas insubordinações, quando as lideranças rebeldes buscavam apoio das áreas vizinhas, tentando quebrar o isolamento inicial. Além disso sabiam deixar no ar rumores de que buscavam também contatos com outras nações européias, com as quais supostamente estabeleceriam novos laços de vassalagem. Cariocas ou mineiros ou soldados rebeldes do Rio Grande do Sul que ameaçavam recorrer à soberania espanhola, baianos e maranhenses que estariam em contato com ingleses, pernambucanos procedendo a acertos com os franceses acabavam por instrumentalizar um dos aspectos de maior fragilidade na política colonial. Manifestavam-se nessas rebeliões procedimentos políticos que traduziam uma perspectiva extremamente oportuna, tanto por estarem antenados com as grandes disputas internacionais que se refletiam nas costas e sertões, quanto por saberem ameaçar a Metrópole com a perda das receitas coloniais da América, de que o reino vinha se tornando dependente de maneira crescente. O senso de oportunidade contudo freqüentava muito mais o discurso político do que se traduzia efetivamente em medidas práticas de rompimento.

A freqüência com que ocorriam revoltas no Brasil fez com que a Metrópole gradativamente passasse a enquadrar os súditos ultramarinos como súditos inquietos. O conde de Assumar traduziu essa mudança ao lidar com a presença de portugueses mobilizados na rebelião de 1720: "Parece conto fabuloso que em ânimos portugueses coubesse tanta rebeldia, e tanta soltura." O mau vassalo começa a corresponder aos moradores das partes do Brasil, opostos aos modelos de fidelidade e lealdade. A "gente da Bahia" é vista como "muito cobiçosa e altiva, por uma inveterada natureza". Os "ânimos" dos moradores de São Paulo são "sediciosos, e trebulentos [sic], porque é a Rochela do sul a capitania de São Paulo". Dentre as "gentes das Minas ... é muito natural a desobediência e renitência às ordens que lhes parece lhe são prejudiciais".

Para os vassalos que viviam na colônia portuguesa, revolta não era sinal de desobediência, mas de desespero. Suas vidas eram um rosário de sacrifícios em favor do soberano. Em Pernambuco, o tema desempenharia papel central nas reações da "nobreza da terra" contra a ascensão da mascataria, à época da eclosão da Guerra dos Mascates em 1711. Em representação com que a Câmara de Olinda reagiu à elevação de Recife à condição de vila, o sacrifício dos pais e avós dos senhores da açucarocracia contra o inimigo holandês não seria esquecido, porque outrora,

> sem dinheiro, sem armas e sem poder algum, mais que cegos da sua afeição, publicam liberdade e acometem com atrevimento nunca visto ao inimigo, senhor absoluto de poderosas armadas, de todas as capitanias e fortalezas delas. E suposto viam suas amadas mulheres e filhos já queimados em chamas de fogo ou darem as vidas aos cruéis fios das espadas e, desterrados pelos sertões, serem pasto das feras ou dos bárbaros e, livres destes, morrerem à fome e à sede e tudo o que era fazenda sua convertida em cinzas, faltos à lástima, incontrastáveis à pena e invencíveis à perda, tanto fizeram até que viram rendida a soberba [da Holanda] sujeitar-se humilde ao rei português.

Não somente nas revoltas e nos confrontos com as diretrizes da política colonial o empenho de vassalos serviu para representar o vínculo com a região e os investimentos ali deixados. Outras oportunidades da conquista da América ofereceram condições para a elaboração de identidades amparadas nas virtudes e nos feitos na terra. Os pernambucanos, como já foi salientado, enalteceram suas virtudes, projetadas no sucesso da luta de expulsão dos holandeses, elaborando o "discurso político do primeiro nativismo pernambucano", como defende Evaldo Cabral de Mello. Os paulistas, por seu turno, com a descoberta das minas de ouro, instituem argumentação a fim de elaborar uma identidade positiva, em um esforço calculado e desmedido de sacudir a pecha de rebeldes e desleais que traziam.

O imaginário político na América portuguesa seria responsável pela produção dessas novas formas do discurso, cuja fundamentação residia em um senso de identidade colonial proporcionado por uma combinação de elementos que apenas a acumulação secular de experiências poderia proporcionar. Sob essa dinâmica, conjugava-se, conforme o modelo sugerido por Jack P. Greene, o senso de lugar, isto é, o espaço que os colonos transformaram criando novas paisagens físicas e sociais; as conquistas sociais e econômicas alcançadas na experiência no Novo Mundo; os modelos fundamentais de comportamento e organização de uma sociedade civilizada; e, finalmente, a história, ou seja, a experiência coletiva partilhada por gerações de moradores de um mesmo lugar específico.

Conclusão: Às vésperas das Inconfidências

O percurso até aqui, demarcado por sugestões metodológicas, inúmeros episódios de agitações políticas e um ligeiro exercício de sistematização, se convincente, talvez permita algumas provocações a título de encerramento. Talvez seja esta uma boa hora para reavaliar algumas posições e, como certa vez indicou Fernando Novais, fazer a "passagem da temporalidade para a historicidade".

A dinâmica da colonização moderna reproduzia-se à sombra de uma contradição: a exigência de excedentes através de mecanismos políticos desfavoráveis aos colonos, o regime de comércio monopolista e a pesada fiscalidade não combinavam com as boas regras de um governo justo. O súdito na América portuguesa padecia com a subtração das autonomias locais, tributação escorchante, transferência de obrigações indevidas, concentração de poder nos altos postos da administração real na Colônia, insegurança diante de ameaças e invasões por parte das potências inimigas, coerção sobre comerciantes coloniais em benefício dos negociantes metropolitanos — tudo isso aliado às velhas queixas de falta de atenção às demandas dos súditos, opressões e vexações da Justiça e pobreza. Como apontou com fina argúcia Ilmar Rohloff de Mattos: "No fundo e no essencial, quem rompe o pacto colonial são os agentes metropolitanos, seus fundadores, pela própria dinâmica do sistema colonial de base mercantilista."

Afinal como encetar o "bom governo" sob as exigências do mercantilismo? Nesse ambiente de forte instabilidade interna, os termos da cultura política do Antigo Regime inscritos nas revoltas não empurravam os súditos para fora da soberania régia, mas tornava áspero o amor do súdito pelo trono.

À acumulação de experiência com sucessivas revoltas vinculava-se a construção das identidades políticas coloniais. A memória comum acaba por sedimentar um acervo de experiências, recortadas regionalmente, que garante certa noção de direitos. Se não é isso o nativismo anacrônico, que aludia a lutas de irredentismo e independência, antiportuguesismo e sentimento nacional, os nativismos podem, quem sabe, ser reabilitados.

Revoltas e motins, como acabamos de ver, eram recursos políticos para o atendimento de demandas que se desenrolavam sob a cultura política do Antigo Regime. As idéias ilustradas que invadem o Ocidente em meados do século XVIII metamorfoseiam os motins em armas de efetiva transformação política. Deixando de lado o conteúdo conservador e reativo que conheciam, o acúmulo dessas experiências rebeldes, somado às formas variadas de constituição da identidade colonial recortada regionalmente, propiciaria aos súditos a consciência da condição de colonos.

As idéias políticas do Iluminismo canalizariam essa consciência fluida das condições da exploração colonial, bloqueada em seu ímpeto transformador pelas velhas relações de subordinação súdito/soberano, rumo a propostas até ali jamais capazes de serem antevistas. A mudança do paradigma nas relações políticas determinada pelo Iluminismo iria abrir espaço para o potencial revolucionário da insatisfação colonial, a despeito da manifesta dificuldade de se operar uma transformação social, perceptível mesmo na Bahia de 1798 e em Pernambuco de 1817.

Sem a tradição rebelde alimentada pelas limitações do sistema colonial, as insatisfações que renascem no final do século XVIII não teriam delineado os caminhos da tomada de consciência que permitiram transformar súditos leais em colonos infiéis.

Cronologia

c.1540 Levante de colonos e franciscanos contra o capitão-donatário de Porto Seguro Pero de Campos Tourinho acusado de concentrar poder.

1580 Filipe II, da Espanha, ocupa Portugal e assume a coroa.

1580? Santidade de Jaguaripe, BA.

1624-25 Restauração da Bahia.

1637 Revolta antiespanhola em Évora, Portugal.

1638 Breve do papa Urbano VIII proibindo a escravidão indígena.

1640 Portugal proclama d. João IV como rei. Expulsão de padres jesuítas de Santos e São Paulo. Ameaças de revoltas no Rio de Janeiro.

1641 Deposição do vice-rei, marquês de Montalvão, na Bahia. Motim militar no Rio de Janeiro.

1642 Revolta contra os holandeses no Maranhão.

1644 Motim contra o governador Luís Barbalho, no Rio de Janeiro.

1645 Insurreição Pernambucana contra o domínio holandês (duraria até 1654). Fundação do Quilombo de Palmares, que existiria/resistiria por 50 anos.

1649 Criação da Companhia Geral de Comércio do Brasil.

1650-1720 "Guerras bárbaras" no Nordeste.

1652 Revolta de cativos índios em propriedades de São Paulo.

1654 Os holandeses são expulsos do Nordeste. Sublevações dos índios gês no Rio Grande do Norte e Ceará.

1655 Motim em Gurupá, Maranhão.

1657 Motim de Jerônimo de Burgos contra o vigário de vara (expulso) em Sergipe.

1658 Revolta contra capitão-mor na capitania da Paraíba do Sul, Rio de Janeiro.

1660 Rebeliões de escravos indígenas em São Paulo. Motim em Sergipe. Início da Revolta da Cachaça, no Rio de Janeiro, que duraria até 1661.

1661 Holanda e Portugal assinam paz. Expulsão do padre Antonio Vieira do Maranhão.

1666 Deposição do governador de Pernambuco.

1671 Expulsão do capitão-mor pela Câmara de Sergipe.

1680 Motim de soldados no Maranhão.

1684 Revolta de Beckman, no Maranhão.

1687 Rebelião de índios confederados de cinco capitanias do Nordeste.

1688 Revolta de Soldados do Terço Velho, Bahia. Levante de índios tapuias na Ribeira do Açu, Paraíba.

1689 Revolta de paulistas na vila de Porto Seguro, Bahia.

1692 Revolta de negros e paulistas, Vila do Camamu, Bahia. Rebelião dos janduís, índios gês, no Rio Grande do Norte e Ceará.

1697 Motim das Patacas em São Paulo, contra regulamentação do padrão monetário.

1699 Revolta de escravos jejes na Bahia.

1704 Motim contra autoridades reais que repartiam terras minerais em Vila do Carmo, Minas Gerais.

1705 Revolta de soldados na Colônia do Sacramento.

1707 Motim em Sergipe. Início da Guerra dos Emboabas, Minas Gerais, que duraria até 1709.

1708 Motim contra contribuição para defesa da Colônia do Sacramento, Rio de Janeiro. Motim em Sergipe.

1710 Motim do Sal, em Santos. Início da Guerra dos Mascates, Pernambuco, que duraria até 1711.

1711 Revolta do Maneta, contra o preço do sal e direitos pagos pelo tráfico de escravos, e "Revolta Patriótica", ambas na Bahia. Tentativa de revolta escrava em Furquim, Minas Gerais.

1712 Conspiração escrava (tentativa de rebelião) e motim contra ouvidor na vila do Ribeirão do Carmo, Minas Gerais. Motim de negros em Camamu e Maragugipe, Bahia.

1714 Revolta contra a cobrança do quinto em Sabará, Morro Vermelho e Vila Nova da Rainha, Minas Gerais.

1717 Motins no sertão do Rio das Velhas, Minas Gerais. Início da Revolta de Pitangui, Minas Gerais, que duraria até 1719.

1718 Motim de Catas Altas, Minas Gerais. Motim da Barra do Rio das Velhas, que duraria um ano.

1719 Conspiração escrava (tentativa de rebelião) na comarca do Rio das Mortes, Minas Gerais. Nova revolta em Pitangui.

1720 Revolta de Vila Rica, Minas Gerais; revolta de soldados na Colônia do Sacramento.

1722 Levante de Macaúbas e revolta na Vila de Papagaio, ambas localidades de Minas Gerais.

1725 Instituição do sistema de casas de fundição para cobrança do quinto. Conspiração escrava (tentativa de rebelião) em Minas Gerais. Revolta contra o ouvidor e cobrança do quinto em Jacobina, Bahia.

1726 Amotinamento dos regimentos de Pernambuco.

1728 Revolta do Terço Velho, na Bahia.

1730 Revolta do donatário visconde de Asseca contra a Justiça real na vila de São Salvador da Paraíba do Sul, Rio de Janeiro. Revolta escrava em Catas Altas, Minas Gerais.

1731 Revolta em Cuiabá, Mato Grosso.

1732 Motins contra o ouvidor e autoridades em Acararu, Ceará.

1735 Instituição do sistema de capitação e censo de indústrias para cobrança do quinto. Sublevação dos índios da aldeia da Baía da Traição e de negros na Paraíba. Sublevações dos Feitosa com índios genipapos no Ceará.

1736 Furores sertanejos, em Minas Gerais e na Bahia.

1742 Revolta de soldados no Rio Grande do Sul.

1746 Rebelião em Sapucaí, Minas Gerais. Sublevação da aldeia Reritiba, no Espírito Santo.

1748 Tumultos populares na vila de São Salvador da Paraíba do Sul, Rio de Janeiro.

1752 Motim de oficiais mecânicos contra o ouvidor-geral da comarca de Ouro Preto.

1753 Revolta dos tapes.

1756 Grande conspiração escrava (tentativa de rebelião) em Minas Gerais.

Referências e fontes

p.7: Sebastião da Rocha Pitta. *História da América Portuguesa*. Belo Horizonte / São Paulo, Itatiaia / Edusp, 1976.

p.8, 70: *Conde de Assumar. Discurso histórico e político sobre a sublevação que nas Minas houve no ano de 1720*. Estudo crítico, estabelecimento do texto e notas: Laura de Mello e Souza. Belo Horizonte, Fundação João Pinheiro / Centro de Estudos Históricos e Culturais, col. Mineiriana, série Clássicos, 1994.

p.13-4: José Francisco da Rocha Pombo. *História do Brasil*. São Paulo, Melhoramentos, 1924, p.163; Caio Prado Jr. *A formação do Brasil contemporâneo*. São Paulo, Brasiliense, 1979; Rogério Forastieri Silva. *Colônia e nativismo: A história como "biografia da nação"*. São Paulo, Hucitec, 1997; Evaldo Cabral de Mello. *Um imenso Portugal. História e historiografia*. São Paulo, Editora 34, 2005, p.20.

p.16: George Rudé. *A multidão na história. Estudo dos movimentos populares na França e na Inglaterra, 1730-1848*. Rio de Janeiro, Campus, 1991.

p.17, 61: Jean Delumeau. *História do medo no Ocidente: 1300-1800, uma cidade sitiada*. São Paulo, Companhia das Letras, 1989.

p.24: Fernando Novais. *Portugal e Brasil na crise do antigo sistema colonial: 1777-1808*. São Paulo, Hucitec, 1979.

p.27: Laura de Mello e Souza. "Motines, revueltas y revoluciones en la America Portuguesa de los siglos XVII y XVIII", in E.T. e J.H. Lehuedé, *Historia general de América Latina*, Unesco / Editorial Trotta, vol.IV, 2000.

p.29: Pedro Puntoni. *A guerra dos bárbaros: Povos indígenas e a colonização do sertão: 1650-1720*. São Paulo, Hucitec/Edusp, 2002; John Monteiro. *Negros da terra: Índios e bandeirantes nas origens de São Paulo*. São Paulo, Companhia das Letras, 1994.

p.31: Ronaldo Vainfas. *A heresia dos índios: Catolicismo e rebeldia no Brasil colonial*. São Paulo, Companhia das Letras, 1995.

p.32-3: João José Reis. "O povo negro. Quilombos e revoltas escravas no Brasil. 'Nós achamos em campo a tratar da liberdade'", *Revista da USP*, 1995-96; Santos, Lara de Melo dos. *Resistência indígena e escrava em Camamu no século XVII*. Salvador, UFBA. Dissertação de mestrado.

p.35: Carlos Magno Guimarães. *Uma negação da ordem escravista: Quilombos em Minas Gerais no século XVIII*. São Paulo, Ícone, 1988; Donald Ramos. "O quilombo e o sistema escravista em Minas Gerais do século XVIII", in João J. Reis e Flávio dos Santos Gomes (orgs.), *Liberdade por um fio: História dos quilombos no Brasil*. São Paulo, Companhia das Letras, 1996.

p.38: Eduardo Silva e João José Reis. *Negociacão e conflito: A resistência negra no Brasil escravista*. São Paulo, Companhia das Letras, 1989.

p.51: João Francisco Lisboa. *Crônica do Brasil colonial: Apontamentos para a História do Maranhão*. Petrópolis/Brasília: Vozes/INL, 1976.

p.57: Diogo de Vasconcelos. *História antiga das Minas Gerais (1703-1720)*. Rio de Janeiro, Imprensa Nacional, 2 vols., 1948.

p.65: António Manuel Hespanha. "Revoltas e revoluções: A resistência das elites provinciais", *Análise Social* 28(120), 1993, p.81-103.

p.72: apud Evaldo Cabral de Mello. *A fronda dos mazombos. Nobres contra mascates: Pernambuco, 1666-1715*. São Paulo, Companhia das Letras, 1995, p.143.

p.73: Fernando A. Novais. "Condições de privacidade na colônia", in Laura de Mello e Souza (org.), *História da vida privada no Brasil*, São Paulo, Companhia das Letras, 1997, vol.1, p.9.

Sugestões de leitura

Além dos artigos e livros mencionados na seção anterior, recomendamos ainda as seguintes leituras:

- António Oliveira. *Poder e oposição política em Portugal no período filipino (1580-1640)*. Lisboa, Difel, 1990.
- C.R. Boxer. *Salvador de Sá e a luta pelo Brasil e Angola: 1602-1686*. São Paulo, Edusp, col. Brasiliana, 353, 1973.
- Carla Maria J. Anastasia. *Vassalos rebeldes: Violência coletiva nas Minas na primeira metade do século XVIII*. Belo Horizonte, C/Arte, 1998.
- Luciano R.A. Figueiredo. "Além de súditos: Revoltas e identidade colonial na América portuguesa", revista *Tempo* 10, dez 2000, Depto. de História, Universidade Federal Fluminense, p.81-95.
- Marco Antonio Pamplona. *A historiografia do protesto popular e das revoltas urbanas*. Rio de Janeiro, PUC, col. Rascunhos de História, 50, 1991.
- Oliveira Lima. *A formação histórica da nacionalidade brasileira*. Rio de Janeiro, Topbooks, 1997.
- Rosario Villari. "O rebelde", in *O homem barroco*. Lisboa, Editorial Presença, 1995, p.95-114.

Leitores interessados em se aprofundar nas pesquisas sobre revoltas específicas podem consultar também as fontes a seguir:

- Revolta da Cachaça (Rio de Janeiro, 1660): Eduardo de Castro e Almeida, *Inventário dos documentos relativos ao Brasil existentes no Arquivo de Marinha e Ultramar de Lisboa [Bahia e Rio de Janeiro]*. Anais da Biblioteca Nacional (Rio de Janeiro, 1921, vols. 31, 32, 34, 36, 37, 39, 46, 50; Baltazar da Silva Lisboa. *Anais do Rio de Janeiro* (vols. III e IV); *Documentos históricos* (Biblioteca Nacional, 1950-1953, vol. 4, n.136, p.417 e vol. 5, p.118-34).

- Revolta do Terço Velho (Bahia, 1688, 1728): Luiz Monteiro da Costa, *Na Bahia colonial* (Bahia, Livraria Progresso Editora, Coleção de Estudos Brasileiros, série Marajoara, 23, s/d.).

- Revolta do Maneta (Bahia, 1711): Ignácio Accioli e Braz do Amaral, *Memória histórica e política da província da Bahia* (Salvador, IOE, 1931, vol. 3).

- Revolta de Vila Rica (Minas Gerais, 1720): José Afonso M. de Azevedo (copiador e anotador), *Documentos do Arquivo da Casa dos Contos, Minas Gerais* (Rio de Janeiro: Imprensa Nacional, 1945); *Conde de Assumar. Discurso histórico e político sobre a sublevação que nas Minas houve no ano de 1720* (Estudo crítico, estabelecimento de texto e notas por Laura de Mello e Souza. Belo Horizonte, Fundação João Pinheiro, Centro de Estudos Históricos e Culturais, col. Mineiriana, série Clássicos, 1994).

- Motins do sertão (Minas Gerais, 1736), "Motins do sertão e outras ocorrências em Minas Gerais...", *Revista do Arquivo Público Mineiro*, ano I, 1896, p.649-72.
- Revoltas Escravas: "Tratado proposto a Manuel da Silva Ferreira pelos seus escravos durante o tempo em que se conservaram levantados" (c.1789), in Eduardo Silva e João José Reis. *Negociação e conflito: A resistência negra no Brasil escravista* (São Paulo, Companhia das Letras, 1989, p.123-4).

Sobre o autor

Luciano Raposo de Almeida Figueiredo é professor de história na Universidade Federal Fluminense (UFF) e pesquisador do CNPq, onde coordena o projeto "Insurreições e protestos na América portuguesa moderna, 1640-1789", sob cujos auspícios foi preparado este texto.

Foi editor da revista *Nossa História* e atualmente edita a *Revista de História* da Biblioteca Nacional. É autor dos livros *O avesso da memória: Cotidiano e trabalho da mulher em Minas Gerais no século XVIII* (José Olympio/UnB, 1993); *Barrocas famílias: Vida familiar em Minas Colonial* (Hucitec, 1997); *Mulher e família na América Portuguesa* (Atual, 2004) e organizador do *Códice Costa Matoso (Fundação João Pinheiro/Fapemig, 2000).*

Coleção Descobrindo o Brasil

direção: Celso Castro

ALGUNS VOLUMES JÁ PUBLICADOS:

A arte rupestre no Brasil
Madu Gaspar

O Brasil no Império português
Janaína Amado e Luiz Carlos Figueiredo

Rebeliões no Brasil Colônia
Luciano Figueiredo

O nascimento da imprensa brasileira
Isabel Lustosa

O período das Regências (1831-1840)
Marco Morel

O Império em procissão
Lilia Moritz Schwarcz

Uma viagem com Debret
Valéria Lima

Negros e política (1888-1937)
Flávio Gomes

A fotografia no Império
Pedro Karp Vasquez

A Proclamação da República
Celso Castro

Rio, cidade-capital
Marly Motta

O Brasil dos imigrantes
Lucia Lippi Oliveira

O Rio de Janeiro que Hollywood inventou
Bianca Freire-Medeiros

A invenção do Exército brasileiro
Celso Castro

O pensamento nacionalista autoritário
Boris Fausto

Literatura policial brasileira
Sandra Reimão

Os intelectuais da educação
Helena Bomeny

Cidadania e direitos do trabalho
Angela de Castro Gomes

O Estado Novo
Maria Celina D'Araujo

O sindicalismo brasileiro após 1930
Marcelo Badaró Mattos

Os brasileiros e a Segunda Guerra Mundial
Francisco César Ferraz

A Era do Rádio
Lia Calabre

Da Bossa Nova à Tropicália
Santuza Cambraia Naves

Ditadura militar, esquerdas e sociedade
Daniel Aarão Reis

A modernização da imprensa (1970-2000)
Alzira Alves de Abreu

Política externa brasileira
Leticia Pinheiro

Política externa e meio ambiente
Lílian C.B. Duarte

História do voto no Brasil
Jairo Nicolau

Palmares, ontem e hoje
Pedro Paulo Funari e Aline Vieira de Carvalho

Como falam os brasileiros
Yonne Leite e Dinah Callou

As formas do espaço brasileiro
Pedro Geiger